Giselda Maria Fernandes Novaes Hironaka
(Coordenadora)

O ENSINO JURÍDICO E A PRODUÇÃO DE TESES E DISSERTAÇÕES

Parte I – Estudo do ensino jurídico

Parte II – Redação, revisão, normalização e publicação

Ada Santos Seles
Roseli Carlos Pinto
Rosemeire Carlos Pinto

EDITORA BLUCHER 50 anos www.blucher.com.br

1ª edição – 2008

EDITORA EDGARD BLUCHER LTDA.
Rua Pedroso Alvarenga, 1245 – 4º andar
04531-012 – São Paulo, SP – Brasil
Tel.: (55_11) 3078-5366
Fax: (55_11) 3079-2707
e-mail: editora@blucher.com.br
site: www.blucher.com.br

ISBN 978-85-212-0483-1

FICHA CATALOGRÁFICA

Hironaka, Giselda Maria Fernandes Novaes
O ensino jurídico e a produção de teses e dissertações/ Ada Santos Seles, Roseli Carlos Pinto, Rosemeire Carlos Pinto; Giselda Maria Fernandes Novaes Hironaka, coordenadora e autora da Parte I. -- São Paulo: Edgard Blucher, 2008.

Bibliografia.
ISBN 978-85-212-0483-1

1. Direito – Estudo e ensino – Brasil 2. Dissertações 3. Publicações científicas 4. Teses 5. Trabalhos científicos – Normas 6. Trabalhos científicos - Redação I. Hironaka, Giselda Maria Fernandes Novaes. II. Seles, Ada Santos. III. Pinto, Roseli Carlos. IV. Pinto, Rosemeire Carlos. V. Título.

08-09270 CDD-34 (07)
-340.113.2:82.083

Índices para catálogo sistemático:
1. Ensino jurídico 34 (07)
2. Monografias jurídicas: Elaboração e publicação 340.113.2:82.083

Amém! O louvor, e a glória, e a sabedoria, e as ações de graças, e a honra, e o poder, e a força sejam ao nosso Deus, pelos séculos dos séculos. Amém!

(Apocalipse 7:12)

Dedicamos este livro a todos os orientadores,
pela bondade em dividir seu conhecimento
com generosidade aos orientandos, pessoas que merecem
nosso respeito e atenção pela humildade no aprender.

Agradecemos a todos os profissionais do meio editorial
e gráfico, pessoas capazes e que se mostram empenhadas e
comprometidas com a abençoada arte de fazer livros.

Nota da coordenadora

Não é tão comum assim, mas decerto cada um de nós já teve a incomparável felicidade de receber de alguém – amigo, certamente – muito mais do que aquilo que solicitou. Explico-me: pode acontecer, para a sorte de quem recebe, que alguém peça a outrem um favor, como um peixe, digamos assim, e receba – muito além do que pediu, como no caso da parábola chinesa – uma vara de pescar e boa vontade na arte de ensinar como retirar das águas aquilo que se quer, podendo, assim, fazê-lo para sempre.

Foi o que aconteceu comigo quando solicitei às minhas queridas amigas Rosemeire e Roseli Carlos Pinto a gentileza de virem ao Largo São Francisco, em uma manhã, para mostrar aos jovens alunos (e futuros docentes) dos cursos de pós-graduação da Faculdade de Direito da USP como se deve bem-realizar a produção científica do jurista. Explico-me novamente: eu havia sido designada pela presidência da Comissão de Pós-graduação dessa ilustre e tradicional instituição de ensino – Professor Ignacio Poveda Velasco – para organizar a Etapa de Preparação Pedagógica do Programa de Aperfeiçoamento de Ensino naquele ano. Imaginando construir algo diferente, mais inovador, mais útil aos pós-graduandos inscritos para aquela Etapa, pensei, entre outros aspectos, que poderia ser bem-recebida uma explanação sobre como se estrutura e se finaliza, a contento, um trabalho acadêmico na área do direito. Escolhi as irmãs Rosemeire e Roseli pelo fato de serem elas quem cuidam – por meio de sua empresa Know-how Editorial – de toda a minha própria produção acadêmica e científica ao longo dos últimos anos, fazendo-o com muita proficiência, competência e arte, de modo que, como se costuma dizer, "já não vivo sem elas".

Convidei-as. Pareceu-lhes, de imediato, aquilo que um convite assim pode produzir: um instigante desafio. E era mesmo. Como pensei, contudo, aceitaram prontamente o convite e começaram, naquela mesma hora, a concatenar idéias, planos e estratégias sobre como vencer com galhardia o grande desafio. O primeiro passo foi agregar à equipe outra jornalista especializada em editoração jurídica – assim como elas próprias –, Cláudia Rodrigues do Espírito Santo, a quem eu também conhecia e com quem já havia trabalhado antes, com enorme proveito.

Equipe montada, o trio incansável e competente iniciou a concretização de todas aquelas idéias que fervilhavam em suas mentes. Sorte a nossa! Essa organização espetacular das idéias e dos propósitos resultou neste belo livro, que hoje tenho a gratíssima satisfação de apresentar à comunidade jurídica e, em especial, aos alunos de pós-graduação inscritos naquela Etapa de Preparação Pedagógica anteriormente referida.

Construíram a obra, reproduziram-na editorialmente às suas próprias expensas e com ela premiaram cada um dos 130 participantes do curso. Que grande sorte a nossa, portanto! Que grande sorte a minha, em especial: pedi o peixe e recebi muitas varas de pescar!

O presente que recebemos dessas ilustres profissionais é, sem dúvida, um dos melhores que já recebi em minha vida. Por isso, agradeço-lhes, de coração, pela maneira carinhosamente competente e exagerada com a qual aceitaram o meu convite para falar – e ensinar ao jovem docente do futuro – sobre a maneira adequada de se produzir um excelente texto jurídico, de caráter acadêmico e/ou científico.

São Paulo, 23 de agosto de 2005

Giselda Maria Fernandes Novaes Hironaka

Professora-Associada do Departamento de Direito Civil
da Faculdade de Direito da USP.
Membro da Comissão de Pós-graduação
da Faculdade de Direito da USP.

Apresentação

Passados três anos da primeira publicação personalizada para os pós-graduandos inscritos na Etapa de Preparação Pedagógica do Programa de Aperfeiçoamento de Ensino da Faculdade de Direito da USP de 2005, e após outros dois convites aceitos, a proposta de mantermos um manual de produção editorial para teses e dissertações sofreu constantes atualizações, e ele continuou a ser distribuído ao público acadêmico por meio eletrônico. A grande aceitação e aplicação por parte dos mestrandos e doutorandos não só do Largo São Francisco mas também de outras instituições de ensino, como a PUC/SP e a UFMG, sempre nos deixou muito felizes, por ser de nossa índole o prazer de dividir o conhecimento. Foi assim que a trajetória deste livro chegou à Editora Blucher, empresa na qual sou contratada como editora de desenvolvimento e, entre outras atribuições, respondo pelo atendimento editorial do selo Blucher Acadêmico, que funciona como uma prestação de serviço para a publicação de trabalhos acadêmicos com tiragem reduzida.

A partir da proposta de publicarmos o livro pela Blucher, convidamos a professora Giselda Hironaka para coordenar a publicação – que aceitou o convite com a generosidade que lhe é própria. Discutimos a publicação e trabalhamos em um enriquecimento do conteúdo e reestruturação da obra.

Definimos a obra em duas partes. A primeira reproduz uma reflexão crítica sobre a qualidade do ensino jurídico, resultado da atuação da professora Giselda Hironaka em diversos encontros, nos quais o tema foi analisado e discutido por mestres absolutamente envolvidos e comprometidos com o nível de excelência idealizado para o ensino jurídico e a realidade nesses tempos engessados pelo imediatismo e competitividade.

Para a segunda parte do livro, convidamos Ada Santos Seles, que contribuiu sobremaneira com suas instruções sobre edição e revisão de textos, acrescidas pela atualização e revisão da normalização de trabalhos acadêmicos com base na ABNT, contribuição da autora Roseli Carlos Pinto, seguida por uma explanação a respeito do mercado editorial jurídico e das possibilidades de publicação que norteiam uma tese ou uma dissertação no Brasil, este último tópico desenvolvido por mim.

O sentimento único das autoras é de que este livro seja útil nos estudos e aplicações do leitor, contribuindo para a sua formação acadêmica.

São Paulo, 28 de agosto de 2008
Rosemeire Carlos Pinto
Editora

Sumário

PARTE I

Estudo do ensino jurídico

Giselda Maria Fernandes Novaes Hironaka

1

Ensino jurídico no Brasil

desafios para o conteúdo de formação profissional*

SUMÁRIO

1. CURSO DE DIREITO E PADRÕES DE QUALIDADE: DIAGNÓSTICO, ACERTOS, FRACASSOS E NOVOS DESAFIOS

Está em curso, neste I Congresso Brasileiro de Ensino do Direito, uma nova discussão sobre os *desafios* do ensino jurídico no Brasil.

Convém falar exatamente em *desafios,* porque, se se trata aqui de discutir os meios para recuperar ou implantar a qualidade dos cursos, o projeto não

---

* Palestra proferida no I Congresso Brasileiro de Ensino do Direito – O projeto pedagógico e as diretrizes curriculares – para preservar os padrões de qualidade, em conjunto com o III Seminário de Direito do Inep/MEC (sobre avaliação), pela primeira docente, na cidade de Natal, no dia 8 de agosto de 2002. O referido Congresso foi promovido pela Associação Brasileira de Ensino do Direito (ABEDi – www.abedi.org).

A docente-palestrante contou, para a pesquisa e discussão dos aspectos centrais da presente manifestação, com o precioso auxílio do professor Fernando Dias Andrade, doutor em Filosofia pela USP e professor de Filosofia Jurídica na Faculdade de Direito de São Bernardo do Campo (SP).

pode ser visto de outra maneira. Fazer dos cursos de Direito cursos de *alta* qualidade tornou-se, no Brasil, um desafio.

Oito anos após a Portaria MEC n. 1.886/94, que "fixa as diretrizes curriculares e o Conteúdo mínimo do curso jurídico", e seis anos após a Lei de Diretrizes e Bases da Educação Nacional (LDB), pode-se dizer, para nossa surpresa, que lidamos mais com resultados negativos do que positivos no dito processo de modernização do ensino jurídico.

Afinal, hoje, em lugar de comemorarmos as conquistas da reformulação obrigatória de currículos de graduação e pós-graduação, de seleção de docentes e discentes, da infra-estrutura de cada instituição de ensino superior, dos procedimentos e métodos adotados nos nossos cursos, o que temos diante de nós é uma coleção de fracassos. É triste e é constrangedor falar de fracassos, em vez de sucessos, no nosso percurso universitário; mas não me cabe – e não nos cabe, a todos, aqui – maquiar a realidade, exatamente porque nosso centro de atenção e interesse é o de discutir, com a máxima seriedade, o tema da qualidade do ensino jurídico.

Que fracassos, afinal, teriam sido esses?

Em *primeiro lugar*, penso que foi grande o nosso fracasso na contenção do número de cursos jurídicos no Brasil. Este é um assunto que vem sendo denunciado constantemente – a exemplo de recente artigo do presidente da OAB/SP, Carlos Miguel Aidar, na *Folha de S. Paulo* de 4 de julho de 2002, denominado "O ensino jurídico brasileiro" – e o número excessivo de cursos jurídicos impede a preservação da qualidade do ensino jurídico como um todo. Embora já se soubesse disso há muito tempo, a verdade é que o fascínio empresarial criado pelo impressionante sucesso mercadológico da transformação das Faculdades de Direito em franquias fez a maioria dos reitores e diretores dos cursos de Direito enterrar de vez a preocupação com a qualidade do ensino acima de tudo.

Mais importante do que a qualidade do curso, mais importante do que a qualificação e a capacitação dos professores e, acima de tudo, mais importante do que a formação jurídica digna e suficiente dos alunos, tornou-se, nessa última década, efetivamente importante o lucro sobre essa mina de ouro em que se tornaram, hoje, os cursos de Direito. Dos 400 cursos de graduação em Direito existentes, hoje, no Brasil, uma significativa parcela não tem nenhuma qualidade. Prova disso – entre outros tantos métodos de aferição – é o percentual de egressos que tais cursos ruins conseguem aprovar nos exames da OAB e, em especial, nos concursos públicos para as carreiras jurídicas, como Magistratura ou Ministério Público. Esse percentual é, sempre, irrisório.

Este objetivo de caráter pragmático – passar no exame da Ordem e depois, se for o caso, em um concurso público para ingresso nas outras carreiras jurídicas – é, decerto, um objetivo muito importante e talvez mesmo o principal; de modo geral, pode-se dizer que alcançá-lo é o que todo acadêmico de Direito almeja, quando se dedica por anos aos seus estudos na graduação. Mas não é o único que pode ser alcançado com a graduação em Direito e, principalmente, não deve ser o único.

Se porventura considerarmos, assim de modo tão pequeno, que a formação profissional deva oportunizar – apenas e minimamente, e como os únicos objetivos dignos de todo esse esforço – o ingresso do graduado no exercício da advocacia ou lhe garantir a possibilidade de aprovação em concurso público, então poderemos ter a mais viva certeza de que já fracassamos outra vez, seja na formação dos acadêmicos, seja, já, na construção dos profissionais do Direito... Dezenas de faculdades de qualidade duvidosa, espalhadas pelos maiores e mais destacados centros brasileiros de consumo, por certo estão preocupadas apenas com esse objetivo, o que revela, *a priori*, uma inquietante preocupação, diretamente resultante deste primeiro fracasso do sistema.

Um *segundo fracasso*, que também pode ser percebido desde logo, diz respeito à qualidade do próprio ensino jurídico que tem sido ministrado em alguns dos mais sintomáticos e problemáticos cursos de Direito no nosso País. A pergunta que sempre instiga e inquieta é aquela que indaga a respeito das razões que obstam o processo de fechamento das instituições de baixa qualidade de ensino. Por que essa morosidade? Por que esse aparente temor? O que há, no reino da educação brasileira, que parece ter tanta complacência ou condescendência com situações francamente alarmantes?

É certo que, em casos drásticos como esse, o que se objetiva não é o investimento na formação acadêmica e universitária ou no trabalho científico, mas, sim, a conquista de um amplo mercado consumidor de diplomas. É sofrido dizer, mas, infelizmente é a verdade. Nesse ambiente de interesse estritamente mercadológico, alunos mal selecionados convivem com professores contratados sem qualquer critério e que não constituem, na maior parte das vezes, um núcleo docente bem preparado e de fato engajado no desenvolvimento da própria estrutura acadêmica do curso.

Será exagero? Paremos para observar se não é assim, procurando responder a estas mais que simples perguntas: quantos são os professores de Direito que, no Brasil, podem se dar ao luxo – já que, aqui, isso se tornou um luxo – de se dedicar à pesquisa? Quantos são os professores de Direito que, para além de suas outras carreiras profissionais, podem buscar excelência também, ou principalmente, na carreira docente? Quantos são os professores de Direito que se mantêm devidamente atualizados com respeito a tudo de relevante que se publica ou se discute, no Brasil e no mundo, em suas áreas específicas? Quantos são os professores que têm condições academicamente dignas de trabalho dentro das Faculdades de Direito e Universidades às quais pertencem? A resposta é simples e rápida, não deixando resquício de dúvida: apenas uma absurda minoria de professores encontra-se nesta privilegiada situação, por vezes mais beneficiada pela sorte pessoal do que pela estrutura da Instituição à qual pertencem.

Há bem pouco tempo expandiu-se, no Brasil, a exigibilidade de mestrado ou de doutorado para os docentes de Direito. É verdade que desde que essa obrigatoriedade surgiu, veio, com ela, uma torrente de dissertações de mestrado e teses de doutoramento, fato que foi decisivo para incrementar o desempenho quantitativo da educação superior brasileira, especialmente diante da fiscalização dos órgãos internacionais de cultura, ensino e, principalmente, investimento econômico. Mas também é verdade que essa fluência súbita, e por vezes irregular, de textos acadêmicos revelou a grande inexperiência da maioria dos nossos professores com a pesquisa científica. Sob o cuidado de observar não os números dessa estatística, o que tem sido mostrado amiúde, mas o conteúdo da produção por ela representada, será possível encontrar um festival de textos mal escritos, incompletos, desarticulados, e até irrelevantes. As razões de um resultado assim podem ter assento em inúmeros fatos, mas certamente também no fato de ter sido submetida, a produção científica e intelectual de nossos docentes – ou por seus empregadores, ou pelas agências de financiamento –, a prazos impossíveis de serem cumpridos com seriedade e excelência.

Em um ambiente educacional de intenções mercadológicas – no qual se busca, prioritariamente, a constante ampliação dos lucros e a preservação da empresa a qualquer custo –, o cuidado e a atenção com a ampliação da liberdade científica e a preservação da qualidade universitária são assuntos de segundo turno. Em ambiente assim – é difícil dizer –, não se exige, dos professores, que tenham a melhor qualidade científica ou docente; exige-se, apenas, que funcionem como instrumentos de uma grande máquina empresarial, cujos objetivos, no mais das vezes, encontram-se desvinculados da preocupação com o melhor ensino jurídico, ou com a melhor relação entre ensino e aprendizagem. Infelizmente, em tantos casos, é assim.

Um *terceiro fracasso* diz respeito, enfim, ao próprio alunado. A maior parte dos alunos que chegam ao ensino superior está, como se sabe, despreparada para o processo de aprendizagem e formação superior na verdade. Por quê? Por vários motivos, mas principalmente porque esse alunado vem de um ensino básico e médio deficientes, o que se constitui, sem dúvida, em grave problema entre nós e que, há muito tempo, diz respeito tanto ao ensino particular quanto ao ensino público.

O aluno que chega à universidade tem sido, na maior parte das vezes – e as exceções, felizmente, são mais que honrosas –, um aluno desinformado e desinteressado em relação ao que ocorre no mundo, no seu País, na sua comunidade, na sociedade, enfim. É um aluno cuja cultura geral é deficiente, cujo apego à leitura e à literatura é parco, cuja força de expressão – na linguagem verbal ou escrita, relativamente ao seu próprio pensamento – é insatisfatória. Como resultado, apresenta-se, em geral, um aluno menos preparado para o trabalho intelectual que o ensino universitário e a formação profissional exigem de uma pessoa responsável. A esse aluno, normalmente, apresenta repulsa a idéia de estudar em regime integral ou simplesmente de forma constante; enfim, costuma ser um aluno que responde pouco ou que responde mal a tudo o que envolve a atividade intelectual propriamente dita.

Esse desinteresse e essa apatia – bem provavelmente causados pela influência danosa e determinante da deficiente estrutura educacional brasileira (uma das piores do mundo) – tornam-se, com o tempo, parte do caráter desse estudante. Como em um círculo vicioso, o desinteresse pela atividade intelectual sentido por esse aluno vai se refletir também, e indiretamente, na qualidade dos próprios cursos, operando uma enorme inversão dos valores acadêmicos. Ora, o aluno que se vê como um mero consumidor de um *produto* chamado educação e que considera que pode, eventualmente, decidir acerca da exclusão ou do rebaixamento do nível de excelência e do rigor de exigência em seu curso, é, sem dúvida e antes de tudo, a base consumidora desse mercado nefasto em que se tornou o curso superior no Brasil, mormente o curso jurídico. Provavelmente – o que pode explicar, mas não pode amenizar a crueza da realidade – esse aluno é, apenas, o resultado de uma sociedade fragilizada, até hoje, pelos ranços da ditadura e pelo malefício da corrupção: pela ditadura, porque esta condenou a liberdade de pensamento e a excelência do ensino; e pela corrupção, porque, não por acaso, há no Brasil uma tradição institucional interessada no cultivo de uma multidão de analfabetos políticos e culturais. Infelizmente.

Se a realidade brasileira fosse distinta, isto é, se liberdade de pensamento e excelência científica fossem valores efetivamente cultivados pela nossa sociedade, e, principalmente, se a corrupção pudesse ser controlada, de tal maneira que não impedisse o fortalecimento cultural e intelectual dos brasileiros, os *consumidores* que chegariam aos cursos teriam interesses que iriam muito além da mera obtenção de um diploma, o que produziria um *mercado* interessado não prioritariamente nos lucros, mas, sim, na qualidade acadêmica do *produto* que oferece.

Se a liberdade de pensamento e a produção científica fossem valores prioritários em nossas Universidades e Faculdades de Direito, seria bem outro o caráter da nossa comunidade acadêmica: ela se tornaria, verdadeiramente, uma comunidade científica, na qual todos se reconheceriam como agentes igualmente empenhados no engrandecimento do conhecimento e da produção científica, e não como concorrentes na obtenção de clientes ou de privilégios. E se houvesse, principalmente, um empenho do Governo Federal em fazer do ensino universitário um ensino majoritariamente público e principalmente voltado para a qualidade intelectual e acadêmica dos seus participantes – sejam professores, sejam alunos –, essa *guerra mercadológica* seria superada e poderíamos, quem sabe, aí sim, recomeçar.

2. UM SISTEMA EDUCACIONAL VOLTADO EXCLUSIVAMENTE PARA A EXCELÊNCIA ACADÊMICA: UMA UTOPIA OU UM DEVER DE CIDADANIA?

Enfim, anos após termos colhido os primeiros resultados das novas regras para os cursos jurídicos e das primeiras cassações de cursos considerados inapropriados, verificamos, com tristeza, estarmos ainda muito longe da conquista de um ambiente acadêmico propício, verdadeiramente adequado. Não porque seja impossível. Ao contrário, é possível! E para isso estamos aqui, é claro! Está nas nossas mãos agora, essa é a nossa vez de tentarmos e, certamente, já estamos trabalhando por ele.

Mas é bem verdade que estamos, ainda, longe de conquistar, definitivamente, um tal estágio, porque ainda não tivemos coragem de encarar essa busca da excelência no ensino jurídico como um *desafio* de toda a sociedade.

Se observarmos a estrutura dos cursos jurídicos hoje, anotaremos que poucas são as coisas das quais teríamos de nos orgulhar de modo efetivo. Não se constituem como fontes legítimas e insuspeitas, para esse mister, a propaganda que cada curso faz de si mesmo. Quantos cursos conhecemos que se apresentam ao mercado, ou que se divulgam, enfatizando a intensidade dos estudos que ofertarão e o rigor das suas avaliações? Bem poucos. Todos deveriam ser assim, se a intenção fosse realmente assumir um compromisso público com a qualidade.

Tudo isso tem gosto, claro, de utopia.

Esse sistema educacional totalmente voltado para a excelência acadêmica não existe, ainda, em nenhum lugar no Brasil. Mas não porque não possa existir em algum lugar, e sim porque elementos muito precisos o tornam, ainda, inviável. Será mesmo impossível conceber um ambiente universitário voltado para a excelência acadêmica? Mesmo que o carro-chefe desse ambiente universitário seja (como no caso dos cursos de Direito) um curso tido principalmente como de formação profissionalizante? Não, não é impossível.

A prova disso é a universidade pública, que, por sua estrutura universitária (na qual se exige, dos cursos, uma maior integração com outras áreas) e por sua natureza pública (por força da qual a educação é concebida como um direito, e não como um serviço) apresenta melhores condições de propiciar a alunos e professores a busca da excelência intelectual e cultural, para além da excelência na formação profissional. Apesar de haver hoje, no Brasil, mais de 400 cursos de graduação em Direito, no topo do *ranking* de melhores cursos, elaborado pelo Ministério da Educação, ou no topo do *ranking* de cursos recomendados, elaborado pela OAB, estão sempre os cursos integrados a universidades públicas. Isso não ocorre por acaso, especialmente em um país no qual a maioria dos alunos de Direito estuda em faculdades particulares, ou seja, um país no qual a maioria dos nossos acadêmicos de Direito convive com a experiência de que a formação jurídica é um *serviço* ou um *produto*, independentemente de ser um *direito*.

É verdade que a universidade pública, como todos sabemos, passa constantemente por dificuldades institucionais e financeiras, mas isso não se deve ao fato de não ter uma natureza voltada para o lucro desenfreado e para a concorrência constante em busca de mais e mais consumidores. As dificuldades da universidade pública devem-se, no Brasil, a um desinteresse político em torná-la prioritária e majoritária. Anote-se, por infeliz exemplo, o caso das universidades federais, que precisaram usar do direito de greve para conseguir melhores condições salariais e institucionais, sem as quais o seu livre funcionamento, que já vinha sendo ameaçado havia anos, poderia ser conduzido ao irreparável caos. Se é difícil falar em greve, quando o assunto é a melhoria da qualidade do ensino superior, se parece haver – como realmente há, não se pode negar – uma enorme incoerência entre querer um ensino mais digno e buscá-lo pelo caminho do não-ensino causado pela paralisação, flagro-me às vezes pensando acerca de quais outras políticas, ou outros percursos, seriam menos traumáticos e levariam a uma solução, em um prazo mais curto. Pessoalmente não sou a favor de greve no ensino, convém registrar. Mas preciso admitir que nem sempre outras vias estão mais bem disponibilizadas, infelizmente.

As universidades públicas no Brasil sofrem, constantemente, as mazelas de serem ignoradas por uma política educacional mais voltada para a privatização e para a mercantilização; contudo, porque têm uma natureza fundada *no direito à educação,* sempre reagem e reagirão, enquanto existirem, a essa política educacional distorcida. Mas isso não nos impede, infelizmente, de imaginar que as universidades públicas possam desaparecer, um dia, no Brasil. Muito pelo contrário, parece que essa é até uma tendência em nosso País, e justamente porque a sociedade raramente reage contra a má qualidade de ensino. Esse espírito do *cada um por si* no que diz respeito à educação e especialmente à educação pública é uma das atitudes mais marcantes na aniquilação do ensino em geral, e, conseqüentemente, do ensino jurídico. O baixo número de cursos jurídicos públicos no Brasil é, pode-se dizer, mais um dos nossos fracassos, talvez o nosso *fracasso definitivo*, quando observarmos o nosso horizonte universitário.

É importante, assim, apontar o que se imagina de melhor e que deva ser feito para reverter esse quadro – e revertê-lo, também, em definitivo. Além de apontar, com a melhor das intenções e sob a mais clara das ênfases, qual poderia ser o caminho para o sucesso do ensino jurídico no Brasil – um sucesso que pressupõe, unicamente, o sentido acadêmico. O sucesso acadêmico.

3. O CONTEÚDO DE FORMAÇÃO PROFISSIONAL EM CONFRONTO COM OS DEMAIS VIESES DA COMPOSIÇÃO GERAL DO *CONTEÚDO MÍNIMO* DO CURSO DE DIREITO

Na presente discussão acerca da qualidade do ensino jurídico, toma-se, como pressuposto, uma divisão de modalidades, inspirada, é claro, nas próprias diretrizes elencadas pelo art. 6º da Portaria MEC n. 1.886/94, que dispõe acerca das disciplinas fundamentais e das disciplinas profissionalizantes, constituindo, o todo, o que se convenciona chamar de *conteúdo mínimo* do curso de Direito:

> **Art.** 6º O conteúdo mínimo do curso jurídico, além do estágio, compreenderá as seguintes matérias, que podem estar contidas em uma ou mais disciplinas do currículo pleno de cada curso:
>
> I – Fundamentais: Introdução ao Direito, Filosofia (geral e jurídica: ética geral e profissional), Sociologia (geral e jurídica), Economia e Ciência Política (com Teoria do Estado);
>
> II – Profissionalizantes: Direito Constitucional, Direito Civil, Direito Administrativo, Direito Tributário, Direito Penal, Direito Processual Civil, Direito Processual Penal, Direito do Trabalho, Direito Comercial e Direito Internacional.
>
> **Parágrafo único.** As demais matérias e novos direitos serão incluídos nas disciplinas em que se desdobrar o currículo pleno de cada curso, de acordo com suas peculiaridades e com observância de interdisciplinaridade.

Além das disciplinas mínimas da graduação, apresenta-se o elenco de outras atividades que integram a formação do acadêmico do Direito, a exemplo do *estágio profissional*, das *atividades complementares* e da *defesa de monografia*.

Neste I Congresso Brasileiro de Ensino do Direito, cada uma destas modalidades está contemplada por uma análise em separado, cabendo-me aqui opinar a respeito do *conteúdo de formação profissional*.

Ora, penso que é preciso ver com mais cuidado essa separação por modalidades – conveniente como metodologia para o Congresso, certamente – e mesmo o lugar que, dentro dela, ocupam as ditas disciplinas profissionalizantes. É claro que não posso falar pelos colegas aos quais cabe analisar as demais "fatias" em debate, mas justamente porque me está incumbido tratar, hoje, das disciplinas profissionalizantes, menciono, *a priori*, que tenho em mãos o que costuma ser tido como o eixo principal do curso de Direito – e, por isso mesmo, talvez seja essa a modalidade mais delicada a ser discutida entre nós.

No entanto, não será preciso muito tempo de meditação e debate para notar, com os senhores, como é equivocada essa noção de que as disciplinas profissionalizantes são as únicas importantes em um curso de Direito; nem acredito que seja necessário demorar mais para notar quanto essa noção, infelizmente tão presente no nosso imaginário, é uma das causas principais da má qualidade dos cursos jurídicos no Brasil.

Essa minha afirmativa pode assustar, mas estamos justamente em um ambiente universitário e acadêmico de discussão dos problemas e soluções para o ensino jurídico, um ambiente mais do que propício, portanto, para que tomemos alguns sustos. Minha larga experiência docente e administrativa em universidade pública endossa e me autoriza a intentar uma análise assim, sempre sujeita, é claro, à consideração e à crítica de meus pares.

A Portaria MEC n. 1.886/94, sabe-se, surgiu como resultado de um projeto inovador e completamente louvável, qual seja, o de renovar o ensino jurídico em prol de atingir os níveis de excelência internacional. E, como instrumento dessa busca da excelência (ou de sua recuperação, em alguns casos), compôs-se a exigência de disciplinas fundamentais no currículo mínimo, além das disciplinas profissionalizantes e, ainda, a exigência de maior experiência técnica já na graduação (graças à obrigatoriedade das 300 horas de estágio) e de maior experiência científica (graças às atividades complementares e à monografia). As intenções, assim, foram as melhores.

Mas, e na vida como ela é, como tem sido isso? No que diz respeito às disciplinas fundamentais, elas têm sido – e todos sabemos disso, infelizmente – mantidas à distância das disciplinas ditas profissionalizantes. Essas disciplinas são ministradas normalmente no primeiro ano do curso, e os alunos erguem as mãos aos céus, em agradecimento, quando sentem, lá pelo segundo ano do curso, que daí por diante só haverá disciplinas profissionalizantes, ou técnicas, ou dogmáticas... Afinal, para eles, nada daquilo que se discutia nas disciplinas fundamentais (Sociologia, Filosofia etc.) tem grande coisa a ver com a prática...

Com relação ao *estágio profissional*, este tem sido prejudicado seja por uma menor atenção dada aos professores dos cursos de estágio instalados nos quadros docentes da graduação, seja por embustes na documentação e orientação aos estágios externos. Afinal, para muitos alunos e mesmo para muitos professores, a prática que realmente interessa é aquela que se realiza depois que o novo advogado passa a ter a habilitação para o exercício profissional conferida pela OAB, atuando exatamente na área que lhe desperta interesse e paixão, e não dentro de uma seqüência *chatíssima* de visitas, relatórios e outras práticas obrigadas ao estagiário.

No que diz respeito às *atividades complementares* – esse conjunto de outros cursos e/ou atividades de interesse jurídico que não são comportados ou compreendidos pelas disciplinas da graduação em Direito, nem dizem respeito ao estágio, mas que podem ser desempenhadas pelos graduandos –, é também com pesar que os acadêmicos costumam ver a grande carga horária a cumprir para obtenção de créditos respectivos. E assim pensam porque consideram – independentemente dos motivos pessoais – que atividades como acompanhamento de palestras, congressos e cursos livres são atividades *inúteis* à formação técnica do profissional e significam, ao final, uma *enorme perda de um tempo* que seria mais bem gasto se dedicado as outras atividades...

Um aluno que assim pensa deve considerar, conseqüentemente, que este I Congresso Nacional de Ensino Jurídico é apenas mais uma discussão estéril.

Finalmente, com relação à *monografia jurídica*, esta tem sido muito mal tratada, seja por alunos, seja por professores; primeiro, porque é considerada uma *aberração* instalada no momento mais crítico e tenso da graduação, que é justamente o seu término; segundo, porque é sentida como uma extravagância dentro de um curso que, para o aluno, não é, ou especialmente não deveria ser, voltado para a produção científica ou livresca, mas que deveria ser principalmente ou exclusivamente fundado na formação técnica; *tanto que* – pode muito bem pensar um tal aluno – *na prática jurídica não será necessário sair por aí escrevendo monografias*! Um ou outro parecer, vá lá (principalmente se for bem pago), mas monografias, artigos, teses etc., isso é para os que querem ser professores (uma parcela *minúscula* dos profissionais; tão minúscula que nem sempre é computada como carreira jurídica).

Esse tipo de visão que alunos e professores, cada vez mais, infelizmente têm sobre as disciplinas fundamentais, o estágio, as atividades complementares e a monografia, é, apesar do seu aspecto caricatural, imagem de uma realidade muito concreta: *a maioria dos alunos e a maioria dos professores vêem o curso de Direito somente como um curso profissionalizante, apesar de todo o esforço do MEC em abrir aos cursos jurídicos um potencial mais crítico e humanístico.*

E isso é um aspecto muito grave, o qual penso que mereceria ser computado como mais um *fracasso* naquela coleção de mazelas que foi inicialmente apontada. Mas por que isso seria um fracasso? Porque considerar que o curso de Direito é curso de intenções só profissionalizantes significa conceber que ele não precisa ser um curso superior: lhe bastaria, para tanto, ser apenas um curso técnico, a exemplo dos cursos técnicos que equivalem, embora insuficientemente, ao ensino médio.

Afinal, o que faz que um curso mereça receber a qualificação de *superior*? Independentemente de tal ou qual curso (de Direito ou de outro campo do saber) estar ou não vinculado a uma universidade, o que o torna *superior* é a sua atividade *produtora de conhecimento*. O curso superior não é apenas um curso que forma profissionais para o mercado de trabalho; ele é, em primeiro lugar, um curso que forma profissionais livres. O que significa isso? Significa que um curso superior não forma apenas meros técnicos, incapazes de organizar seu próprio trabalho e a sociedade em que vivem, mas, ao contrário, um curso superior, na verdadeira acepção da palavra, é aquele que busca formar profissionais que têm, em suas próprias mãos, as idéias de soluções para os problemas da sociedade em que vivem e, acima de tudo, têm o domínio integral do próprio conhecimento e dos seus procedimentos profissionais e criativos.

O *profissional livre* é aquele que é autor da sua própria atividade profissional e intelectual, e não aquele que é servo de uma estrutura produtiva na qual ele vale apenas como instrumento para alcançar os fins de outrem. Isso tudo vale para o acadêmico de Direito? Ou – tomando-o como um profissional – isso tudo vale para o operador do Direito? Na verdade, não é costume, entre nós, entender como obrigatória na formação do profissional do Direito nenhuma base humanística ou social. Quando concebemos que a sua formação deva ser só técnica, só profissionalizante, estamos dizendo que ele não deve ter preocupações de ordem social, que não deve fazer *sociologismo da norma.*[1] E quando concebemos que a discussão do Direito feita pelo viés das disciplinas fundamentais é mera *perfumaria*, estamos ao mesmo tempo concebendo que os problemas sociais não são problemas nossos. Verdade! Temos todo o direito de pensar assim.

O que, afinal de contas, é um grande desperdício do potencial gigantesco que temos, todos nós, quando conduzimos um curso de Direito: o potencial de

---

1 Para usar uma expressão do presidente do STF, quando se decidiu, em junho de 2001, acerca da legalidade do apagão.

identificar quais são os problemas por que passam o Brasil e os brasileiros, de procurar descobrir quais são as causas desses problemas, de diagnosticar e definir soluções para cada um deles e, enfim, de procurar, pelos nossos meios, tornar este País um país mais justo. Ora, a universidade – o ensino superior – é o ambiente mais apropriado para a descoberta das causas de nossos problemas e para a indicação das soluções provavelmente mais adequadas para cada um deles. Todos os nossos problemas podem ter suas causas bem identificadas, pois esse papel diagnosticador é o papel de todas as ciências. E todos os problemas que são correta e concretamente bem identificados podem atrair as soluções mais adequadas, certamente, uma vez que a indicação de soluções adequadas é um outro viés de produção das mesmas ciências. O Direito, como campo científico que é, deveria também ser capaz de produzir *diagnóstico* e *terapia*, nesse sentido.

Finalmente, todas as estratégias políticas e orçamentárias endereçadas à viabilização de qualquer solução podem, sem dúvida nenhuma, ser apresentadas pela universidade, porque ela é uma instituição ativa da própria sociedade, e não um continente separado dela.

4. O CONTEÚDO DE FORMAÇÃO PROFISSIONAL: SEU EFETIVO PAPEL E SUA REAL IMPORTÂNCIA

Qual será, então e diante disso, o *grande desafio* representado pelas disciplinas de formação profissionalizante?

Segundo o meu sentir, este desafio estaria composto justamente no fato de se decidir se tal conjunto disciplinar deveria deixar de ser compreendido como o *eixo central* do curso de Direito, ou, pelo menos, como conteúdo *mais que suficiente* para a formação jurídica. De fato, é um desafio. Mas é um desafio que, longe de ser *utópico*, é desde logo uma urgência para o ensino jurídico e para a excelência da formação técnica e profissional que se pretender almejar. Nenhum profissional da área do Direito que seja incapaz de conceber soluções para os problemas sociais pode ser considerado um profissional adequado, justamente porque, entre todas as carreiras ou profissões, o Direito é o único campo profissional que sempre tem conseqüências na estrutura da sociedade e na liberdade de todas as pessoas.

Em outras palavras: a atividade do profissional do Direito nunca pode ser tida como de seu interesse particular, apenas; não importa qual seja a sua carreira, ou a sua atividade, a sua experiência, o profissional do Direito sempre lida com a coisa pública e com os mais altos valores humanos, antes de tudo. A discussão, assim, do que cabe à formação profissional no trajeto da busca de excelência do ensino jurídico, acaba indiscutivelmente dizendo respeito menos ao *conteúdo propriamente dito* do que à *forma* que essas disciplinas são consideradas.

A discussão do conteúdo é importante, sem dúvida, mas deve ser conduzida no sentido da finalidade formadora acadêmica e dentro da liberdade universitária constitucionalmente garantida. Quer dizer: se, por um lado, o MEC define quais as disciplinas profissionalizantes devem constituir minimamente os cursos jurídicos, por outro lado, a sua estrutura peculiar e a sua metodologia devem ser o resultado especial de um plano pedagógico desenvolvido de acordo com o perfil e dentro do rigor da própria instituição de ensino. É claro que não cabe ao MEC obrigar este ou aquele conteúdo programático, esta ou aquela metodologia, mesmo que, implicitamente, devamos todos lidar com um mesmo universo de normas, leis, Códigos e divisões doutrinárias consagradas. E essa tarefa de delineamento específico do perfil ou ênfase de cada curso cabe aos *professores* que estão à frente de cada disciplina, aos *departamentos* que, em cada faculdade ou instituto, devem zelar pela consistência e atualidade das matérias e procedimentos avaliativos, e, com o mesmo peso, aos *alunos*, que são, antes de tudo, cidadãos que têm no *estudo* do Direito o exercício de *um direito*, e, por isso mesmo, não podem relaxar na vigilância constante do modo como esse direito vem sendo, dia-a-dia, tratado dentro e fora de sala de aula.

Ainda mais: além de partilhar da idéia segundo a qual o conteúdo profissionalizante deva ser livremente conduzido para os fins acadêmicos, penso também que não podem, em absoluto, ser desprezadas as outras modalidades disciplinares, tidas como periféricas, vale dizer, as disciplinas fundamentais, as atividades complementares, as atividades de estágio e a monografia. É um fato que, se o Direito é a principal ambiência de solução dos conflitos sociais, a prática profissional do operador do Direito é o grande instrumento dessa busca de soluções justas, ou dessa pacificação. Quando o profissional do Direito opera de maneira a preservar a ordem social, para além de finalidades exclusivamente privadas, ele não apenas faz justiça, como faz o que socialmente deve ser feito.

Assim, respeitada essa autonomia de cátedra por parte dos cursos, e presente essa vinculação não hierárquica entre as disciplinas fundamentais e as disciplinas profissionalizantes, é importante observar que a atividade docente não seja oprimida pelos interesses mercadológicos dos *empresários da educação*, bem como não seja abalada pela apatia de alunos desinteressados. Ao contrário, é importante que essa atividade possa se exercer livremente, sem nenhuma barreira à busca qualificada do professor, por sua excelência profissional e intelectual. O docente assim escolhido se revelará, em sala, como o professor com condições suficientes, e no que depender dele próprio, para dar às disciplinas sob sua responsabilidade o devido caráter científico. Ao mesmo tempo, estará a todo momento visível dentro do ambiente universitário para que colegas e alunos saibam quanto contribui (ou não) efetivamente para que a disciplina em suas mãos mantenha-se atualizada, completa e original. E, antes de tudo, se realmente essa excelência acadêmica é aquilo que efetivamente deve ser exigido do professor (além de ser exigida por ele próprio, claro), o mau professor não terá vez, em momento algum, nos quadros de uma universidade.

Sempre que a excelência universitária esteja estampada como a grande finalidade e motriz do ensino jurídico, nada mais há de esperar do corpo docente senão o seu próprio e constante desenvolvimento intelectual. Para tanto, é preciso que esses professores, mesmo lidando somente com as disciplinas profissionalizantes, tenham o mesmo cuidado na transmissão do conhecimento, bem como a mesma liberdade devida a qualquer professor, porque, ao menos em tese, todo professor é um guardião do saber e, como tal, não pode deixar de pesquisar nem de escrever. Se na vida do profissional do Direito, a rigor, nunca se deve parar de estudar, o que se dirá da condição do professor, a quem cabe manter a si mesmo e a todos sempre informados e atualizados. Esse espaço para a pesquisa e essa dedicação constante ao estudo dentro da verdadeira comunidade científica que deve ser a comunidade docente são requisitos fundamentais para o estabelecimento de qualquer bom professor, mesmo o professor das disciplinas técnicas.

Ao dizer "mesmo o professor das disciplinas técnicas" – eu, que sou professora de disciplina profissionalizante –, posso dar a entender equivocadamente que o professor das disciplinas profissionalizantes é menos dedicado ao estudo e à pesquisa do que o professor das disciplinas fundamentais. Ou, ainda, que é menos importante que os demais. Muitas vezes, meus colegas, esse menor zelo de fato acontece, infelizmente; e é um fato irrecusável que quem quer se tornar professor de determinada área técnica comumente descobre essa vocação no meio do curso: ou seja, quase nenhum professor de disciplinas profissionalizantes entra no curso de Direito para ser professor, mas antes costuma descobrir-se com o dom no meio do percurso. Já, no caso dos professores das disciplinas fundamentais, são mais comuns os casos daqueles que se voltam para tais áreas com a intenção da docência e da pesquisa. O que, também, não faz significativa diferença entre um e outro.

Embora haja, de fato, essa possível distinção quanto ao momento do *despertar* para a atividade docente, em um e em outro caso, o que é relevante é que, uma vez despertada, a atividade de dedicação ao ensino merece o mesmo investimento intelectual e metodológico em qualquer caso. Isso ainda parece algo excêntrico aos olhos de muitos acadêmicos e de muitos professores das disciplinas profissionalizantes, que raramente vêem suas disciplinas como campos de pesquisa ou de estudo aprofundado e inesgotável.

Mas há um sério engano nesse raciocínio pobre e tão linear. O professor de disciplina profissionalizante deve se dedicar – na verdade, de corpo e alma, eu ousaria dizer – profusamente à pesquisa, à discussão e ao estudo com rigor, com o detalhe (talvez um ônus) de que ele lida com aquela matéria que exige resposta ainda mais rápida e de maior alcance da experiência prática.

Tarefa árdua, sem dúvida.

Mas o acadêmico de Direito não deve ter motivos para sentir que as disciplinas técnicas que lhe são ministradas são desatualizadas ou destituídas de relação seja com as disciplinas fundamentais (pelas quais o aluno toma conhecimento dos problemas sociais como *seus problemas* e descobre *em si mesmo* o poder de solucioná-los, em prol do bem comum), seja com a experiência técnica (para a qual o aluno volta-se desde o primeiro dia e que é sempre o seu *grande farol* nos estudos).

Vigilância constante por parte dos alunos no caráter atualizado das disciplinas trabalhadas por seus professores e plena liberdade intelectual para o professor em seu trabalho docente são requisitos fundamentais que devem estar sempre presentes para o estudo das disciplinas técnicas e profissionalizantes. Se não houver uma coisa ou outra, as conseqüências são, respectivamente, o gradativo esmaecimento no aluno de seu potencial como operador responsável pela mantença da ordem pública e o enfraquecimento do professor como criador intelectual e guardião da qualidade do conhecimento jurídico.

Infelizmente, tais situações não são raras entre nós.

É raro encontrar um aluno que veja a si mesmo como responsável pela sociedade em que vive; e é raro encontrar um professor que veja a si mesmo como responsável pelo futuro do Direito. É como se a universidade ou o ensino superior não tivessem nenhuma relação com os destinos do mundo...

5. INTENTANDO A FORMULAÇÃO DE ALGUMAS MEDIDAS DE INTERFERÊNCIA POSITIVA EM PROL DE UM PLANEJAMENTO PEDAGÓGICO BEM-SUCEDIDO

À guisa de organizar o pensamento, passo a arrolar algumas idéias que tendem às medidas de interferência positiva, em busca de uma conclusão que privilegie a qualidade.

Em primeiro lugar, sempre penso que seria muito oportuno procurar despertar, em professores e alunos, a preocupação de se fazer do estudo doutrinário um estudo de caráter mais *enciclopédico*. Como assim? Em lugar de permitir o espírito separatista entre as distintas áreas dogmáticas do Direito – que, apesar de distintas, não precisam por isto ser *separadas* –, talvez fosse melhor a hipótese de se investir em uma integração doutrinária entre as diferentes disciplinas, entre os diferentes departamentos e, conseqüentemente, entre as diferentes doutrinas. Algo que raramente é feito no estudo dogmático de Direito é o estudo crítico da doutrina. Penso que é tarefa e obrigação diárias dos professores não apenas para manterem-se, a si mesmos, atualizados no acompanhamento da evolução ou mesmo da colisão doutrinária – assim como na sua produção, quando for necessário e condizente com seus interesses de pesquisa e docência –, mas também de orientarem os alunos no conhecimento crítico de doutrinadores e outros literatos de relevância para os estudos jurídicos. É impressionante o volume de obras jurídicas que são editadas diariamente no Brasil, além da já impressionante renovação normativa que precede esse verdadeiro enxame. Se os alunos não estiverem muito bem orientados na maneira de selecionar toda essa torrente doutrinária, poderá perfeitamente ocorrer que, apenas por força de uma grande dose de sorte, eles possam bem aproveitar aquilo que selecionaram por si mesmos, como poderá ocorrer, o que é ainda pior, que se dê uma espécie de incentivo maligno em prol da produção de muita doutrina *ruim*, em razão da inexistência de uma tradição de leitura crítica.

Em segundo lugar, seria interessante que as disciplinas profissionalizantes – mesmo se consideradas o centro ou a base do curso como um todo – se ocupassem, por sua vez, não apenas dessa integração interdepartamental e interdoutrinária, mas igualmente de uma integração interdisciplinar com as disciplinas fundamentais, com as atividades complementares, com as atividades de prática jurídica e com as atividades de produção científica, das quais a produção de monografia é apenas uma modalidade entre as tantas possíveis.

Isso poderia ser feito da seguinte forma: no que diz respeito às disciplinas fundamentais, as profissionalizantes, queiram ou não, têm, de fato, naquelas o seu fundamento, principalmente quando reconhecem como tarefa sua a produção de conhecimento racional ou a solução de problemas relevantes para a sociedade. Não há como justificar racionalmente o poder do Estado ou a divisão do Direito sem partir da Filosofia, por exemplo. Não há como identificar as inovações ou soluções jurídicas mais adequadas ao estabelecimento da ordem social e da segurança pública sem um olhar sociológico, outro exemplo. Só mesmo uma vã e frágil pretensão por parte de certos juristas ainda insiste em ver, apenas no Direito, a única fonte para os fundamentos do próprio Direito.

Mas é especialmente com relação às atividades complementares que algo deve ser dito nessa questão da interdisciplinaridade. As disciplinas dogmáticas ou profissionalizantes são tidas, por todos, como a base do curso do Direito, o que significa que tudo aquilo que for absolutamente indispensável para a formação mínima do profissional do Direito deve estar abrangido por este rol disciplinar. Ao mesmo tempo, então, significa que tudo aquilo que não estiver contido nestas disciplinas já deve estar integrado em outras áreas do conhecimento, que, a despeito de serem relevantes, são tidas como *acessórias*.

Penso, justamente, ser preciso que as disciplinas dogmáticas descubram o *seu próprio* caráter acessório. Como assim? O problema situa-se no fato de se entender, pequenamente, que a concretização do estudo dogmático do Direito opera-se por meio do conhecimento simplista da legislação e de suas formas de aplicação nos casos concretos. Ora, sabemos que não pode ser apenas isso, singelamente isso, uma vez que essa prática de leitura, quando tornada constante, vicia o pensamento jurídico, que passa apenas a associar *Direito* com *legislação interpretada*.

Considero que as disciplinas dogmáticas devam ser, antes de tudo, críticas e reflexivas – subversivas até – diante do conteúdo programático obrigatório, pois esta experiência permite o conhecimento ainda mais preciso do Direito e, principalmente, o reconhecimento do alcance a que pode ir cada divisão do estudo jurídico. Penso que é preciso sempre, apesar do limite temporal da hora/aula, buscar ir além dos limites físicos da disciplina, buscar ir além do conteúdo principal ou obrigatório, para testar, dentro dele, tudo aquilo que parece acessório, posterior, inexplorado.

No meu modo de sentir, falta às disciplinas dogmáticas esse caráter de exploração, mas isso unicamente pela ineficiência de se tentar. Se professores e alunos se permitissem iniciar essas experiências de abordagem daquilo que é imprevisto, certamente essa experiência produziria a novidade de uma renovação no conteúdo dessas disciplinas, que seria ditada não pela inventividade de um ou outro autor, mas pela necessidade constatada pela experiência.

Em terceiro lugar, e considerando que é missão principal (ainda que não suficiente) dos cursos jurídicos formar os alunos para o exercício profissional, é necessário que professores e alunos se empenhem conjuntamente em eliminar o que se tem tornado uma contradição no universo dos estudos jurídicos: a dependência, por parte dos graduandos e graduados, dos cursinhos preparatórios para concursos. Na verdade, menos que ter por finalidade precípua este viés – preparar para concurso –, tais cursinhos têm se posicionado, na verdade, como suporte da deficiência própria dos cursos jurídicos insuficientes. Essa é uma crítica muito diferente da crítica já feita anteriormente, de que os cursos jurídicos têm preparado mal os alunos para o pensamento jurídico crítico-reflexivo (pensamento crítico que equivale àquilo que os historiadores costumam chamar de *cidadania crítica*). O que estou dizendo é que se revela uma deficiência imediata dos cursos naquilo que eles mesmos insistem em identificar como sua missão mínima: a habilitação para os concursos, a partir da experiência do egresso com o primeiro dos concursos, o de Ordem, até os concursos para as carreiras públicas, como a Magistratura, o Ministério Público, as Procuradorias etc. O curso de Direito, se apoiado em um contexto profissionalizante adequado, deveria mostrar-se suficiente para a obtenção do resultado exitoso esperado pelo formado, dispensando, assim, qualquer necessidade suplementar ou complementar de estudos.

Em quarto e último lugar, e dentro destas breves sugestões, convido a rever o que se deve entender por disciplinas jurídicas. As divisões atualmente propostas não se estamparam assim ao acaso, mas são, na verdade, o resultado de décadas de experiência acadêmica nos cursos jurídicos, resultado este balizado pela experiência científica de professores, de alunos e de boas outras mentes. Vez por outra, apesar das indicações dadas pela Portaria MEC n. 1.886/94, entra em pauta a relevância desta ou daquela disciplina como disciplina profissionalizante, ou como disciplina fundamental, e assim por diante.

Independentemente da discussão de quais devam ser as disciplinas, elencadas em um e em outro campo, penso duas coisas. Primeiro, que a divisão, do jeito que está, é uma conquista que não se deve perder; nem devem ser eliminadas dos cursos as disciplinas técnicas (que causariam, em um único instante, em um retrocesso de séculos), nem devem ser confundidas em um conjunto único (que perderiam suas características peculiares).

Mas, em segundo lugar, penso que jamais se deve tentar, no processo de reformulação disciplinar ou de conteúdo de cada disciplina, a *exclusão* de disciplinas ou de matérias. Não pode haver nada mais anticientífico e antidemocrático que esse processo de exclusão, que, vez por outra, é infelizmente sugerido nas discussões institucionais de norte a sul neste nosso País. Ao contrário, penso que é o caso de se adotar a postura inversa: a da *inclusão,* sempre, de novas disciplinas, ou de complementação de matérias, de maneira a fazer do estudo profissionalizante do Direito um estudo que necessita, cada vez mais, de uma melhor interdisciplinaridade no seu modo de realização.

Se for possível a prática da inclusão, sempre, de novos direitos, de novos temas, de novas visões, de novas matérias e ainda de tudo o que for contrário ao que é hoje tido como canônico e obrigatório, então isso significará que as disciplinas profissionalizantes atingiram um estágio em que podem ser, legitimamente, o *eixo central do estudo científico do Direito.*

É assim, caríssimos congressistas, que imagino como deveria ser o tratamento dado às disciplinas profissionalizantes, por nós mesmos, pelo Governo e pelas Instituições de Ensino do Direito de nosso País. Estas são as considerações que deixo, à crítica inteligente e sempre severa de meus pares neste Congresso. Conforme convém...

2
Ensino do Direito
dos primórdios à expansão pelo setor privado*

Não farei aqui um histórico do ensino jurídico no Brasil. Tal histórico, nem mesmo de forma resumida, caberia decentemente em uma exposição de poucos minutos. Da mesma maneira, não seria interessante aqui.

A minha pretensão é, unicamente, recordar momentos fundantes da história do nosso ensino jurídico, recordação esta que, de algum modo, poderá servir de inspiração para que se busque encontrar uma solução digna a este grande momento de crise em que se encontra, hoje, o nosso mesmo ensino jurídico.

De que crise se fala? A saber, da crise resultante do paradoxo da necessidade de resgatar a universidade pública e, ao mesmo tempo, ampliar o ensino jurídico por meio do setor privado. Por que se trata de um paradoxo? Porque, em princípio, o resgate da universidade pública envolveria o refreamento da expansão do setor privado de ensino, e vice-versa.

Espero mostrar, nesta exposição, que, na verdade, uma coisa não precisa excluir a outra, bem como espero poder demonstrar que, hoje, salvar a universidade pública e ampliar o setor privado podem ser ações simultâneas de uma mesma e única busca pela excelência no ensino jurídico.

---

* Texto correspondente à participação da autora no III Congresso Brasileiro de Ensino do Direito – Os desafios do ensino jurídico na pós-modernidade –, realizado pela Associação Brasileira de Ensino do Direito (ABEDi), sob o patrocínio do Centro Universitário das Faculdades Metropolitanas Unidas/SP (UniFMU) e com o apoio do Centro Universitário de Brasília (UniCEUB) e OAB/SP, nos dias 29 e 30 de setembro e 1° de outubro de 2004, em São Paulo (SP). Esta exposição corresponde à palestra de abertura do referido Congresso.

A docente-palestrante contou, para a pesquisa e discussão dos aspectos centrais da presente manifestação, com o precioso auxílio do professor Fernando Dias Andrade, doutor em Filosofia pela FFLCH/USP e doutorando em Direito pela FDUSP.

Quando se fala, hoje e sempre, da situação do ensino jurídico no Brasil, uma questão central sempre presente é a busca ou o resgate da excelência desse ensino. Hoje, especificamente, a questão é o resgate – mais que a busca – dessa excelência. E as condições para esse resgate estão claramente colocadas em um panorama de, por um lado, crise da universidade pública, que carece de investimentos e recursos e padece de uma migração de seus pesquisadores e professores, e, por outro, crise também do setor privado de ensino, que, apesar do impressionante crescimento quantitativo e financeiro que tem sido percebido nesses últimos anos, não assiste a um correspondente crescimento qualitativo.

Ao contrário, como todos somos constantemente avisados pela OAB e por outros órgãos que cuidam de vigiar a qualidade da formação dos nossos profissionais do Direito, vivemos hoje um panorama trágico no que diz respeito aos cursos jurídicos no Brasil. Já era preocupante há 20 anos; tornou-se ainda mais preocupante há dez; e hoje é calamitoso: a maioria dos bacharéis em Direito não consegue sequer enfrentar o exame da OAB. Isso, sabemos todos, é resultado não de uma má qualidade da universidade pública; ao contrário, apesar de os cursos jurídicos sob responsabilidade da universidade pública representarem porcentagem mínima dos bacharéis, estes costumam ocupar as melhores colocações nos *rankings* da OAB. Diferentemente, o preparo insuficiente demonstrado pela maioria de candidatos anuais dos exames da OAB reflete diretamente a estrutura pedagógica insuficiente da maioria dos cursos jurídicos mantidos pelo setor privado brasileiro. Ou seja, os cursos jurídicos particulares são fornecedores da maioria desses bacharéis totalmente despreparados tanto para o exame da OAB quanto para qualquer outro exame e, principalmente, para a prática profissional do Direito. Não preciso acentuar aqui quanto isso é grave, mas também não custa chover no molhado e reforçar a denúncia feita pela OAB a cada novo exame: é preciso tomar providências enérgicas contra a má qualidade dos cursos jurídicos no Brasil; e, como a maior parte dessa má qualidade reside nos cursos jurídicos do setor privado, é preciso conhecer o que há de errado nesses cursos particulares e consertar o erro.

É uma infelicidade que a maioria dos cursos jurídicos brasileiros tenha tão mau resultado qualitativo. Mas, ao menos, o problema é tão amplo e tão evidente que ninguém há como negar a sua existência. Isso tem um lado positivo: permite que deixemos a hipocrisia de lado, que reconheçamos que algo deu errado no longo percurso de implementação dos cursos jurídicos e, enfim, que paremos para refletir sobre essa ampliação de erros, para refletir sobre meios de recuperar a busca da excelência qualitativa, em lugar do crescimento quantitativo. Acentuei, até aqui, uma responsabilidade praticamente exclusiva dos cursos particulares pelo mau desempenho da maioria dos bacharéis, o que, na verdade, reflete um mau desempenho da maioria dos cursos. Não quero dizer com isso que os cursos públicos não tenham seus problemas; eles têm problemas em geral de ordem material, como falta de recursos para pagar seus funcionários ou adquirir livros e equipamentos; mas, ainda assim, os problemas da universidade pública não costumam ser resultantes de falta de busca da excelência. Já os problemas do ensino privado, que não costumam padecer da mesma carência material, costumam resultar de um quase correspondente desinteresse por essa excelência qualitativa. Também não quero generalizar: há, e não são poucos, cursos privados que têm na busca de excelência pedagógica um elemento fundamental nas suas políticas; mas trata-se de exceções, pois a maioria dos cursos jurídicos é formada por cursos privados, que se multiplicaram absurdamente nos últimos anos. A maioria desses cursos privados, por sua vez, é responsável pelo pior desempenho no exame da OAB, que, como se sabe, é a forma de avaliação mais definitiva dos cursos jurídicos no Brasil. O resultado geral, portanto, é um panorama de insuficiência, cuja causa está, principalmente, em algum erro presente na maioria dos cursos privados no Brasil. Que erro é esse? Por que se instalou nos nossos cursos, apesar de todo o cuidado que o MEC apresentou e apresenta em busca da viabilidade e eficiência dos cursos?

A exposição que farei aqui, apontando alguns passos da história dos nossos cursos, terá, portanto, unicamente o objetivo de indicar os fundamentos também desse problema que os cursos jurídicos apresentam hoje. O que quero mostrar é que a maneira como vemos a criação dos nossos cursos jurídicos ainda recebe influência da maneira elitista pela qual os cursos foram criados nos tempos do Império e nos primeiros anos da República; e, ao mesmo tempo, a maneira como lidamos com as nossas crises no ensino jurídico não se beneficia das lições que poderíamos reter dessa mesma história. Por exemplo: falou-se muito nos últimos anos em se ampliar o número de cursos jurídicos, sem que se perdesse, entretanto, a idéia elitista de que a excelência qualitativa deve ser reservada somente a uns poucos cursos destinados aos filhos da elite; e hoje, quando muitos vêem nessa multiplicação pouco criteriosa dos cursos a principal causa da multiplicação de bacharéis mal preparados, poucos são os que conseguem ver nessa crise uma oportunidade de voltar atrás, seja para retomar o caminho da qualidade, seja para iniciá-lo verdadeiramente pela primeira vez. Esta reflexão sobre os passos da história do nosso ensino jurídico é, portanto, uma oportunidade de esclarecer que tipo de ensino jurídico nós queremos, bem como que tipo de sacrifícios estamos dispostos a enfrentar para viabilizá-lo.

Durante o período colonial e nos primeiros anos da proclamação da império, não houve um único jurista brasileiro no Brasil. Os nossos juristas eram todos importados de Portugal. Isso se dava, logicamente, porque o Brasil não era uma nação independente, e na sua condição colonial não precisava se desvencilhar administrativamente do reino de Portugal. Não se via, no Brasil colônia, necessidade de fundar-se um curso jurídico (assim como nenhum tipo de curso superior), porque curiosamente não se via, nem mesmo na aurora do século XIX, viabilidade em se estabelecer esse tipo de empreendimento no País. Afinal, o Brasil era uma colônia, que, portanto, estava a serviço de Portugal e só fazia jus a receber legislação, advogados e magistrados portugueses para cuidar, no Brasil, de assuntos cujo interesse era, fundamentalmente, português. Toda a nobreza brasileira do Brasil colônia era formada por famílias portuguesas, ou era, ao menos, vinculada ou absorvida por essa nobreza.

Os filhos desta nobreza que eram nascidos no Brasil iam estudar leis em Portugal, século após século; nem se cogitava criar por aqui um curso de leis. É claro que, sendo o Brasil uma colônia, e, conseqüentemente, sendo aqui aplicadas as leis portuguesas, Portugal era o melhor, senão o único, lugar para aprendê-las e exercitar-se nelas. Mas, mesmo sendo colônia, o Brasil foi desde cedo formado por uma tal miscigenação de etnias e culturas que sempre houve aqui a prática de costumes diferenciados o bastante das leis portuguesas para que se pensasse, paralelamente a essas leis do reino, em leis nascidas dos costumes coloniais. Hoje, o que sabemos desses costumes coloniais? Muito pouco. Como não eram reconhecidos pelo reino português, esses costumes nunca foram cogitados como base para a criação de um Direito brasileiro paralelo ao Direito português. O desconhecimento desses costumes ou dessa possibilidade de criação de um Direito brasileiro foi, na verdade, o maior motivo para que não houvesse no Brasil colonial a criação de um só curso jurídico desvencilhado dos cursos portugueses.

Não por acaso, o que possibilitou a criação dos primeiros cursos jurídicos no Brasil foi a independência diante de Portugal, e é basicamente isso o que se comemora até hoje a cada dia 11 de agosto. “Por Carta de Lei do Imperador Pedro I foram criados em 11 de agosto de 1827, simultaneamente, dois cursos de ciências jurídicas e sociais, um na cidade de São Paulo e outro na de Olinda".[1] Estes dois cursos originários foram, respectivamente, as sementes das atuais Faculdade de Direito do Largo São Francisco (ou Faculdade de Direito da Universidade de São Paulo) e Faculdade de Direito do Recife (que congrega um curso em Olinda e outro em Recife, e hoje pertence à Universidade Federal do Pernambuco). Às vezes, para não perder o costume, os nativos de cada uma dessas faculdades assume a causa de defender a tese de que a *sua* faculdade, e não a outra, foi o primeiro curso de Direito brasileiro: é aquela experiência curiosa de dois monólogos simultâneos – um paulista e outro pernambucano – que insistem em dizer: "Os dois cursos podem ter sido criados juntos, mas este aqui iniciou as aulas primeiro e, portanto, é o autêntico primeiro curso de Direito no Brasil". Essa simpática discussão, na verdade, é irrelevante. Os cursos de Direito no País foram criados pelo mesmo decreto imperial, e, independentemente da diferença de dias em que um ou outro tenha dado ao mundo sua aula inaugural, ambos são duas expressões de uma só idéia do nosso império tropical: *o Estado brasileiro, já que agora separado do reino de Portugal, exige formar sozinho os seus próprios advogados e magistrados.* O que se comemora, assim, quando a cada 11 de agosto se festeja o "Dia do Advogado"? A inauguração não apenas dos cursos jurídicos no Brasil, mas principalmente a independência acadêmica do Direito em solo brasileiro. A partir do momento em que os cursos jurídicos estão fundados no Brasil naquele início de século XIX, não mais são necessários juristas importados de Portugal para que haja atividade jurídica no nosso País.

Apesar do tamanho gigantesco do Brasil, bastaria criar um só curso para marcar a "independência" dos cursos brasileiros diante dos cursos portugueses. Por que criar dois – um em Olinda e outro em São Paulo? Ambos foram criados com o espírito de fundar o Direito brasileiro; mas a localização dos cursos é curiosa, já que, enquanto Olinda era um dos centros econômicos e sociais do Brasil, São Paulo, em 1827, nada mais era do que pouco mais que uma aldeia. Por que não criar o curso na capital e principal cidade do Império, o Rio de Janeiro? A escolha de São Paulo não tem nada a ver com uma tendência jurídica daquela cidadezinha que contava, na época, com apenas dois advogados. Nem foi São Paulo que pediu para ser sede de um curso jurídico. Enquanto o curso

---

1 Disponível em: <http://www.fundaj.gov.br/docs/pe/pe0074.html>.

de Olinda foi criado sob pedidos da sociedade local – de forte movimentação política e, principalmente, de grande oposição ao domínio português no Brasil –, a cidadezinha de São Paulo foi escolhida para estabelecer um curso jurídico na parte sul do País porque era um dos lugares mais silenciosos que se conhecia;[2] portanto, um lugar muito propício ao estudo, já que distante das distrações e da boemia do Rio de Janeiro, por exemplo. Mais do que isso, o curso nem tinha prédio próprio, tendo sido instalado em um edifício do mosteiro dos franciscanos – o que, também se pensava na época, era mais um incentivo ao estudo. Assim, o que levou à criação do curso de São Paulo foi mais ou menos o que leva hoje em dia muitos pais a enviarem seus filhos para estudar em faculdades interioranas, em lugares mais pacatos, nos quais se presume que, havendo mais tempo para se estudar, ele será de fato aplicado nos estudos. No entanto, o que esses pais logo percebem hoje foi o que o mundo jurídico do século XIX percebeu diante do curso de São Paulo: independentemente do silêncio em torno da faculdade, a qualidade da formação depende, acima de tudo, da qualidade dos professores, da influência institucional da faculdade e do empenho dos estudantes. Esse seria o conjunto que geraria a força jurídica de São Paulo; se um desses critérios não se verifica, o conjunto dificilmente funciona.

Uma vez criados os cursos jurídicos no Brasil, o que fazer diante do Direito português e das instituições portuguesas? Poderia ter havido uma separação autêntica, se a nossa independência não fosse, na verdade, um movimento de fachada motivado exclusivamente por interesses de oligarquias locais que não mais concordavam em partilhar seu patrimônio com o reino português. Assim, embora o Brasil tenha se tornado oficialmente independente de Portugal e tenha instituído um império autodenominado soberano, a vida civil do Brasil do século XIX continuaria vivendo simultaneamente sob os decretos do imperador do Brasil e as ordenações vigentes em Portugal. O que faz que um império mantenha em parte a sua condição de colônia, já que por todo o século XIX as ordenações portuguesas são a legislação principal sobre questões civis enquanto não se cria um Código Civil brasileiro? Será *saudade*? Não: é que, embora os cursos jurídicos tenham sido criados em 1827 e houvesse uma atuação legislativa entusiasmada no Congresso Nacional do Império, o Direito brasileiro ainda demorou para conhecer a si mesmo

---

[2] Cf. Roberto Pompeu de Toledo. *A capital da solidão:* uma história de São Paulo das origens a 1900. São Paulo: Objetiva, 2003.

enquanto um sistema jurídico consistente. Conseqüentemente, por todo o século XIX, o século iniciado pelo Código de Napoleão na França e atravessado pela consagração da codificação na Europa e pelo desenvolvimento impressionante da *Common Law* nos Estados Unidos, os cursos jurídicos brasileiros tinham para si a tarefa monumental de organizar um novo ordenamento jurídico para uma sociedade brasileira extremamente miscigenada, complexa e ainda desconhecida. Esse processo demorou um século, até que se chegasse ao nosso Código Civil de 1916. Assim, enquanto em outros países os cursos jurídicos já existiam há séculos e cuidavam de estabelecer o ordenamento local como um sistema jurídico coeso, no Brasil, a produção das leis, seu estudo e a adaptação da sociedade ao ordenamento ocorria de maneira irregular e localizada.

Irregular, porque demorou para que se superasse a indecisão entre adaptar para o Brasil as leis portuguesas, ou criar um Direito autenticamente brasileiro, segundo nossas condições e nossos costumes. O nosso Código Comercial (de 1850), por exemplo, apesar do ranço português, é um fruto vultoso das práticas comerciais típicas do Brasil. Seja como for, no Brasil, haverá três grandes centros de discussão jurídica e legislativa durante o século XIX: o conjunto de *Olinda e Recife* (no interior da Faculdade de Direito do Recife), o *Rio de Janeiro* (no Congresso Nacional, principalmente nos anos de transição do Império para a República) e, por último, *São Paulo.*

Por todo o século XIX, era claro que São Paulo tinha uma importância secundária diante do Recife e do Rio de Janeiro, ao menos nas décadas nucleares. Enquanto a Faculdade de Direito do Recife, de formação intelectual mais rica, tradicional e vanguardista do que a de São Paulo, discutia diretamente as teorias jurídicas em voga na Europa e nos Estados Unidos, e enquanto no Rio de Janeiro o Congresso Nacional concentrava a definição dos rumos da política interna, em São Paulo desenvolvia-se uma tradição positivista de estudos jurídicos. Foi no século XIX, assim, que surgiram os moldes para a personalidade intelectual que esses três núcleos firmariam no século XX: Rio de Janeiro, centro de confrontos políticos e culturais, e por isso força centrípeta de tudo o que de melhor (e de pior) foi criado pela cultura brasileira; Recife, centro de excelência científica para os estudos jurídicos; São Paulo, centro de tradicionalismo positivista para os estudos jurídicos.

Esse tradicionalismo, que se firmou e se desenvolveu em São Paulo no século XIX é a sua marca até hoje neste começo de século XXI. A Faculdade de

Direito do Largo São Francisco é talvez a instituição de ensino jurídico que mais louva a própria tradição, por vezes de forma quase religiosa. Um dos motivos é a acolhida que o positivismo recebeu aqui no século XIX, mas também – e principalmente – a necessidade de a oligarquia rural e depois a industrial de São Paulo competir com os outros centros produtivos do País, para o que as instituições jurídicas, políticas e econômicas paulistas seriam fundamentais. Mais do que isso, foi em São Paulo que se desenvolveu de vez, na década de 1870, o movimento republicano que levaria à proclamação da República. Proclamada esta, e conseqüentemente refreada a supremacia e centralidade política do Rio de Janeiro, o Largo São Francisco iniciou verdadeiramente seu papel de centro jurídico mais influente do País.

Havia entre os cursos jurídicos um constante intercâmbio de professores e estudantes (era comum, por exemplo, ser de uma família do Rio de Janeiro, começar os estudos jurídicos em Olinda e terminá-los em São Paulo); esse intercâmbio continuaria envolvendo outros cursos fundados na Bahia, no Rio de Janeiro, no Paraná, em todo o País. Mas ele também consagraria duas tradições agora quase centenárias: a de uma formação jurídica de molde mais científico em Recife, e outra de molde mais positivista em São Paulo. O cearense Clóvis Beviláqua, autor do nosso Código Civil de 1916, era um dos principais expoentes da Escola do Recife, tradição intelectual fundada lá nos anos 1860 e cujo líder era o sergipano Tobias Barreto de Meneses.[3] A escolha de Beviláqua para autor de um anteprojeto de Código Civil era, em parte, devida às suas qualidades pessoais, mas também decorriam da força jurídica e científica do Recife. Foi, também, o capítulo final de uma centralidade jurídica em apenas três pólos: Recife, Rio de Janeiro e São Paulo.

A partir do século XX, a estrutura republicana do Estado brasileiro facilitou a criação de cursos por todo o País e permitiu, também, que, em cada Estado, se desenvolvesse o espírito legislativo e jurídico nos cursos jurídicos. Quase dois séculos após a fundação dos cursos de São Paulo e de Recife, todavia, percebe-se que, construída uma tradição acadêmica em uma faculdade e desenvolvida uma tradição jurídica em torno dela, seus frutos são amplos e duradouros. Mas os fenômenos de São Paulo e de Recife são representativos de uma tendência que se mostraria frutífera por todo o século XX, e ainda atualmente: *no Brasil, o que*

---

3 Disponível em: <http://www.fundaj.gov.br/docs/pe/pe0074.html>.

leva à criação de cursos jurídicos tende a não ser um interesse acadêmico ou social, mas antes um interesse político e econômico. Esse interesse antes econômico do que social é, hoje, um dos motivos pelos quais nossos cursos jurídicos produzem uma imensa maioria de bacharéis mal preparados.

No começo do século XX, a principal inovação nos cursos superiores brasileiros foi a criação das universidades. Existe, também aí, uma disputa quanto a saber qual é a nossa primeira universidade: há quem diga que é a Universidade Federal do Paraná, cujo curso de Direito é de 1912; há quem sustente que a Universidade de São Paulo, criada em 1924, foi a primeira que surgiu efetivamente como uma universidade, ou seja, como um complexo de formação superior em todas as áreas do conhecimento. Seja como for, das universidades criadas no começo do século XX, a USP foi certamente a que nasceu maior – em parte porque era basicamente uma reunião de diversas faculdades e institutos isolados, um deles a Faculdade de Direito do Largo São Francisco. Independentemente de qual foi a primeira, qual nasceu maior, qual é a maior, o longo momento da criação das universidades no Brasil é o verdadeiro marco do ensino superior em nosso País. Primeiro, porque abandonou o bairrismo da centralidade de poucos cursos em uns poucos pólos políticos e econômicos; segundo, porque iniciou um projeto verdadeiramente republicano de levar a toda a extensão do território nacional, na medida do possível, o acesso à formação superior por meio de várias universidades; e, finalmente, porque exigiu dos institutos de ensino superior um padrão de excelência acadêmica internacional, cujo formato consagrado seria a universidade: não mais seria o caso, portanto, de investir em faculdades isoladas, liberadas de parâmetros acadêmicos nacionais que poderiam ser acompanhados e comparados federativamente. Surgiu, com as universidades da década de 1920, a idéia de um modelo nacional de cursos superiores, acompanhado diretamente pelo Ministério da Educação e já submetido a avaliações internas e externas, sempre em busca da melhor forma para os cursos.

Havia, também, a idéia de que as universidades deveriam ser mantidas pelo Estado – uma concepção também republicana. Enquanto os cursos isolados do século XIX eram diretamente voltados para os filhos das elites econômicas do País, as universidades tinham o projeto de aumentar o acesso para uma parcela social além das elites – o que chamamos hoje de classe média. Aproveitando o ânimo de distribuição de cursos superiores por todo o território, houve uma primeira proliferação dos cursos jurídicos junto com o estabelecimento das primeiras universidades. Mas nada, ainda, que se comparasse ao que veio acontecer nos últimos anos. Especialmente porque o espírito ainda era outro: se a criação das universidades era uma oportunidade para a criação ou reafirmação dos cursos jurídicos, estes agora tinham diante de si a necessidade de acompanhar padrões nacionais e internacionais de excelência. Terá sido o que aconteceu? Na verdade, o que aconteceu com os cursos jurídicos nas décadas nucleares do século XX, após um período de adaptação ao convívio e interlocução com outros cursos e institutos, foi a reafirmação de sua condição original no século XIX: formação profissional dos filhos da elite. Em outras palavras, a preocupação com um grau de excelência científica internacional foi deixada de lado tão logo se percebeu que não era em busca dessa excelência que os cursos jurídicos eram procurados, mesmo quando agregados a uma universidade. A discussão da necessidade e dos rumos da universidade brasileira, assim, mostrou-se, desde o início, um tema estranho aos interesses e costumes das faculdades de Direito – *exatamente como ocorre hoje em dia.*

Há quase um século da implementação das primeiras universidades no Brasil, os cursos jurídicos integrados a universidades ou centros universitários não se envolvem nas discussões em torno da função da universidade na sociedade e, conseqüentemente, nas políticas educacionais como um todo (do ensino fundamental ao ensino superior). Quanto aos cursos jurídicos isolados, aqueles que não se integram a nenhum programa universitário, estes tendem a não sentir a necessidade dessa integração. Não é por acaso, assim, que as intensas discussões em torno da política universitária no Brasil não alcançam o cotidiano dos nossos cursos jurídicos: nós temos uma tradição, nefasta, de ignorar o que se passa no ensino brasileiro como um todo, e essa ignorância voluntária acaba se voltando para o interior dos próprios cursos de Direito. Por quê? Porque, como nós não nos permitimos ingressar no debate universitário, perdemos a noção de quais são as metas de um curso acadêmico de excelência. Mesmo a idéia de excelência passa a ser vista como uma extravagância, quando aventada em público nas nossas salas de aula ou nos nossos corredores. Isso é um erro grave, porque não é verdade que os cursos jurídicos possam se desenvolver de forma tão autóctone. Quanto mais ensimesmado um curso de Direito, mais enfraquecido é o seu conteúdo. Quando, hoje, criticamos a qualidade da maioria dos cursos de Direito, uma parcela dessa má qualidade decorre diretamente da separação entre a maioria desses cursos e um programa universitário; ou, o que é equivalente, a uma integração apenas formal a uma universidade ou centro universitário, situação que, por sua vez, só é possível quando a política universitária nessa universidade já se perdeu ou ainda não foi devidamente iniciada.

De meados do século XX até os primeiros anos do regime militar, surgiram muitos cursos jurídicos no Brasil. Grande parte destes era justamente formada por cursos de faculdades ou institutos isolados. Dando continuidade a um programa aberto pelo regime militar, os cursos jurídicos eram amplamente criados e estimulados, enquanto cursos de outras áreas eram fechados ou perseguidos. No regime militar, desde o início, os cursos jurídicos foram vistos como instrumentos privilegiados de divulgação da ideologia nacionalista e autoritária do regime. Reafirmou-se, nesse período, a idéia de que os cursos não deveriam almejar metas de excelência universitária; bastava-lhes cumprir suas metas domésticas, isto é, bastava a cada curso de Direito cumprir seu programa de formação técnico-profissional. Essa postura foi o que consagrou, enfim, nas décadas de 1970 e 1980, uma tendência a projetar os cursos jurídicos como cursos exclusivamente técnicos, isto é, cursos nos quais a formação humanística, política ou social deveria ser obliterada por uma formação para o mercado de trabalho. Quando chegou a abertura política, no final da década de 1970, o que equivalia a mais de uma década de demolição dos programas universitários por todo o País, a idéia de busca de excelência pelos cursos superiores já havia sido substituída pela imagem de uma necessidade de adaptação desses cursos ao novo horizonte dos cursos superiores: o mercado de trabalho. É da década de 1970 a subordinação, estimulada pelo regime militar, dos cursos superiores ditos técnico-profissionalizantes ao modelo neoliberal de universidade, um modelo segundo o qual a universidade elabora seus cursos segundo a demanda do mercado de trabalho.

A abertura política, de qualquer maneira, trouxe uma reabilitação da discussão ampla da política universitária e da política democrática, cujo resultado foi uma retomada pontual, por poucos anos, do projeto de um ensino jurídico de excelência qualitativa, que fizesse jus à nossa necessidade de reconstrução da democracia. A década de 1980, assim, assistiu a discussões aprofundadas sobre o ensino jurídico no Brasil, revelando, pela primeira vez, quão prejudicado ele foi pelos descaminhos da política antidemocrática e anti-republicana do militarismo. Qual o resultado, todavia, dessas discussões? Qual seu resultado em um universo acadêmico-jurídico que não apenas foi absorvido por um programa de multiplicação de cursos, como em grande parte já nasceu dentro dele mesmo? Na década de 1990, a busca da excelência qualitativa encontrou cidadania unicamente no campo das universidades públicas ou nas universidades pontifícias; nos demais cursos jurídicos – a quase totalidade deles de finalidade técnico-profissionalizante –, a preocupação fundamental era, já, a concorrência pela própria clientela e o auferimento de lucros. Ou seja: porque a busca de excelência qualitativa perdeu prioridade, os cursos jurídicos multiplicaram-se basicamente graças ao modelo neoliberal, segundo o qual uma faculdade de Direito ou um curso de extensão jurídica devem ter como finalidade a obtenção de lucros, e não a melhoria do ensino. Hoje, quando assistimos ao mau desempenho da maioria dos cursos jurídicos no Brasil, já não se trata apenas do resultado do modelo neoliberal: o desinteresse pela qualidade é a causa para essa felicidade do modelo neoliberal, não sendo acidental, portanto, a crise do modelo da universidade pública, que nesses anos de proliferação dos cursos jurídicos tendeu a não mais ser procurada pelos acadêmicos de Direito.

Eis, enfim, o panorama atual da crise da universidade e da qualidade enfrentada pelos cursos jurídicos no Brasil. Essa crise era inevitável em decorrência da proliferação de cursos, mas por quê? Porque essa proliferação, justamente, ocorreu fora da busca da excelência universitária. Essa excelência não é unicamente formal: ela corresponde ao cumprimento de critérios de atualização acadêmica e científica constantes. Ao contrário, o que se produziu foi uma coleção de cursos sem maior pretensão além da formação profissionalizante, sem perigo de perder a própria clientela – o que envolve, entre outras coisas, uma tendência a aliviar o rigor do próprio curso caso a sua clientela não queira se submeter a um curso tão rigoroso. Não é por acaso que a prática costumeira dos nossos cursos jurídicos é o pouco rigor nas aulas dadas e, principalmente, nas avaliações aplicadas. Em geral, os bacharéis são apresentados a cursos nos quais se passa a imagem de que um curso superior não é tão diferente do nível do ensino médio, e nos quais o estudante deve se empenhar exclusivamente em um estudo que se mostre suficiente para chegar ao bacharelado. Porque, da mesma maneira como há quem diga que os problemas do ensino fundamental não são problemas daqueles que pertencem ao ensino superior, há quem pense, sem admitir, que o preparo para o exame da OAB e todas as fases subseqüentes da carreira profissional do bacharel não são, também, problema de quem está adiante dos cursos jurídicos. É uma irresponsabilidade abominável, uma cultura empresarial que precisa ser combatida ou ao menos reformulada, em benefício do desenvolvimento do nosso ensino jurídico.

Hoje, sabemos todos que a viabilização do acesso ao ensino jurídico depende em grande medida da iniciativa privada. Vivemos em um panorama que é quantitativamente dominado pelos cursos mantidos pelo setor privado. Todavia, isso não deve nos fazer pensar que a universidade pública tenha morrido, ainda que esteja em crise. A universidade pública vive uma crise profunda, mas isso não significa que ela esteja fadada a desaparecer. Desaparecerá unicamente se escolher desaparecer; e a escolha pelo próprio desaparecimento é feita aos poucos, sempre que a universidade pública escolhe orientar seus cursos segundo as demandas do mercado de trabalho, quando deveria ocorrer o contrário: a universidade, ou o ensino superior como um todo, deveria cuidar da excelência qualitativa, e a presença no mercado de trabalho seria simples concorrência. Pensemos nos resultados da universidade pública nos *rankings* da OAB. Normalmente, figuram nas primeiras colocações, o que prova que a busca de um padrão universitário, o qual sempre merece ser aprimorado, deveria ser modelo para todos os cursos jurídicos, sejam gratuitos ou pagos, sejam vinculados a uma universidade ou estabelecidos em institutos isolados.

Busca-se hoje, no MEC, voltar atrás nesse processo de multiplicação de cursos, ao menos nessa forma pouco criteriosa que permitiu tanto despreparo nos últimos anos. Mas a iniciativa pela abertura de novos cursos pelo setor privado continua constante, o que só exige maior atenção e, diante desse quadro negativo revelado a cada exame da OAB, uma mudança séria de prioridades. É claro que o retorno financeiro é uma das prioridades de todo curso mantido pela iniciativa privada – afinal, trata-se de empresas privadas. Cabe modificar a cultura empresarial dos cursos jurídicos no Brasil, sob pena de prejudicar ainda mais a sua tão disputada clientela. O prejuízo trazido pelos maus cursos do setor privado já deixa muitas seqüelas, bem visíveis inclusive no mundo da universidade pública, que se vê destituída de prestígio e de investimentos. No entanto, essas seqüelas poderão ser substituídas por êxitos qualitativos reais, se essa busca pela qualidade tornar-se uma prioridade pública dos cursos privados. Será isso possível? Ou será da natureza dos cursos privados evitar a busca da excelência em favor da busca do lucro? Não acredito nisso, e justamente porque temos cursos movidos pelo setor privado nos quais a excelência é explicitamente posta à prova e devidamente aprovada pela clientela e pelo corpo acadêmico que a constitui. Mas estes cursos, normalmente, são aqueles nos quais o projeto universitário ainda se mantém no horizonte. Não se trata de estabelecer uma competição entre os diferentes cursos a fim de decidir qual é o melhor ou qual é o que alcança maior clientela; trata-se apenas de esclarecer quais são os cursos do setor privado que, apesar dessa sua condição, preocupam-se em fazer do ensino jurídico um bem científico acima de qualquer preço. No que diz respeito aos cursos de graduação, o exame da OAB tende a continuar sendo a prova definitiva dos cursos que se dedicaram a essa meta; já aos cursos de pós-graduação ou de extensão universitária, essa excelência é mostrada no grau de inovação dos próprios cursos e da produção científica dos seus alunos. De fato, entre as obras jurídicas que trazem alguma inovação atualmente, quantas são resultantes da produção realizada nos cursos de pós-graduação ou de extensão mantidos pelo setor privado? Esta é mais uma meta a ser alcançada e mantida, não *acima* da universidade pública, mas *ao lado* dela.

A busca pela excelência universitária e pela excelência acadêmica, nos cursos jurídicos, tem como finalidade não a conquista do mercado, mas o cumprimento da obrigação pública de garantir o acesso a um ensino jurídico de qualidade. Resta saber se o setor privado fará o mesmo que a universidade pública, escolhendo a busca da excelência qualitativa como uma de suas verdadeiras prioridades.

3

Ensino jurídico e OAB

a questão posta em debate[1]

A carreira acadêmica do Direito é, ao lado da carreira da Administração, a que mais oferece cursos no ensino superior brasileiro. Ou seja, se tomarmos todos os cursos superiores oferecidos no país, Direito e Administração são aqueles oferecidos em maior número. Há anos Direito e Administração alternam-se nos dois primeiros lugares dessa sondagem quantitativa, mas nunca perdem esse posto de ponta em número de cursos oferecidos.

De fato, embora Direito e Administração não sejam, necessariamente, carreiras congruentes ou correlatas, ambas apresentam certas características que lhes sugerem algum parentesco: ambas são um misto de ensino técnico e superior, isto é, não apenas formam para atividades profissionais específicas, mas permitem uma formação contínua e aprofundada; ambas formam para carreiras muito procuradas pelos jovens e pelos empreendedores; ambas qualificam para muitas carreiras diferentes, o que permitirá uma melhor escolha da carreira específica pelo bacharel após sua primeira formação; ambas parecem acessíveis tanto para os já vocacionados quanto para os "pára-quedistas"; ambas parecem um caminho seguro para a formação profissional e para a colocação no mercado de trabalho; ambas parecem apontar para funções bem reconhecidas na

---

1 Palestra proferida no "Fórum Permanente pela Qualidade do Ensino Jurídico no Estado de Goiás" (iniciativa da OAB-GO e da Associação de Mantenedoras), no dia 19 de novembro de 2007, na cidade de Goiânia (GO). Para seu preparo, auxiliou-me a inestimável interlocução filosófica com Fernando Dias Andrade, doutor em Filosofia pela FFLCH/USP, doutorando em Direito pela FD/USP, professor adjunto de História da Filosofia na Unifesp, e a imprescindível interlocução econômica com Fernando Curi Peres, Ph.D. pela *Ohio State University* e professor titular de Economia e Administração da Escola Superior de Agricultura Luiz de Queiroz da Universidade de São Paulo – ESALQ-USP –, em Piracicaba (SP).

sociedade e, portanto, parecem garantir futuros bons empregos, futuras carreiras sólidas.

Em suma, ambas parecem cumprir plenamente o que o público de estudantes universitários espera primeiro com a formação superior: formação para uma carreira e colocação no mercado de trabalho. Não por acaso, há várias faculdades – especialmente em cidades de interior, nas quais as opções são menores – em que, entre os cursos disponíveis, estão habitualmente presentes seja Direito, seja Administração, sejam ambas.

Por razões curriculares e empresariais, é também comum que certos cursos de Administração sejam acompanhados do curso de Ciências Contábeis e do curso de Economia, mas estes mantêm certa condição secundária diante do curso de Administração, sempre o mais procurado no interior das carreiras empresariais.

Esta onipresença dos cursos de Direito e Administração, enfim, é favorecida também pelo fato de a grandiosa maioria de instituições de ensino superior no Brasil ser composta de instituições particulares – elas mesmas, portanto, direcionadas e alimentadas pela ótica empresarial, que vê na própria formação empresarial um modelo de formação e de empreendedorismo, reflexo de uma visão, corrente no Brasil, de que empreendedorismo e administração de empresas são o mesmo.

Enfim, esta presença na ponta do maior número de cursos superiores oferecidos no país evidenciaria o grande interesse social que ronda as carreiras jurídicas e empresariais. Isso certamente não pode ser negado: Direito e Administração são duas carreiras muito respeitadas no cenário profissional universitário. O que, todavia, se vê dessas carreiras no cenário pós-universitário?

Na vida pós-universidade, Direito e Administração parecem trazer uma série de surpresas ao recém-formado. Assim como havia, antes de se ingressar na faculdade de Direito ou de Administração, uma imagem muito promissora da formação profissional ali naquela instituição e, conseqüentemente, da carreira a ser seguida dali por diante, também há, e não por acaso, uma imagem muito negativa do que é efetivamente produzido na vida profissional tanto nas carreiras jurídicas quanto nas carreiras econômico-administrativas, que, na prática, elas se revelam campos abarrotados de profissionais que não conseguem colocação no mercado de trabalho, cenários profissionais que remuneram sempre abaixo do que se esperava ou do que se necessitava mesmo a título de compensação por todo o investimento empregado nos anos de formação.

E, mesmo nos casos em que se conseguiu enfim a tão sonhada colocação no mercado de trabalho, a prática profissional do dia-a-dia se revela muito distante do que havia sido proposto nas melhores aulas do curso de graduação, e a vida profissional cotidiana se mostra mais voltada para a perseguição de vantagens particulares do que de benefícios sociais. Não bastasse isso, vem o pior: é confirmada a imagem que tanto o Direito quanto a Administração têm de aparelhos imprescindíveis para a instalação e preservação dos instrumentos de corrupção e de privilégios que constituem o caráter social do brasileiro, este ser tão pouco confiante na honestidade, no civismo e na dignidade.

Muito já se disse a respeito do interesse do brasileiro em levar vantagem em tudo; pois isso não seria uma verdade tão presente em nosso passado e em nosso futuro se não fosse sustentada por uma estrutura jurídica em que é tão difícil a garantia dos direitos e tão fácil o cultivo do autoritarismo por uma estrutura econômica e administrativa em que é tão custoso o empreendedorismo e é tão chamativa a sonegação fiscal. Ou seja: embora os estudantes sejam chamados aos cursos de Direito e Administração por promessas de colocação no mercado, alcançam este mercado normalmente com grande dificuldade e, uma vez nele, percebem-se em um ambiente movido por interesses sobre os quais não têm nenhum controle. Isso não ocorre só em Direito e em Administração; talvez ocorra com todas as carreiras; mas o caso de Direito e de Administração é, particularmente, grave porque ambas as carreiras são o alicerce das instituições sociais, e uma sociedade que permite que haja tamanha desproporção entre o que se promete para a vida profissional e a própria vida profissional é uma sociedade institucionalmente problemática.

Tudo isso já pode ser dito se levarmos em consideração apenas este dado inicial, o de que Direito e Administração são os cursos mais procurados do Brasil. Ou seja, se levarmos em consideração este dado inicial, que é um dado apenas quantitativo e abstrato. Agora, podemos nos conduzir para dados mais concretos, ainda que quantitativos. Falemos, a partir de agora, só da carreira do Direito.

É certo que algumas *forças*, contemporaneamente, atuam no sentido de restringir o número de cursos de Direito no nosso País, enquanto outras buscam estimular a constante criação de novas escolas. A resultante tem indicado que estas últimas forças têm prevalecido sobre aquelas. Por isso, o grande número de cursos existentes no Brasil, quando comparado com cerca de menos de 200 cursos nos Estados Unidos, país com população à volta de cem milhões de pessoas a mais que o Brasil, mostra, de fato, este super dimensionamento do número de cursos brasileiros. O bacharelado em Direito não apenas está na ponta dos cursos mais oferecidos, mas também é excessivamente oferecido, ou seja, é oferecida não apenas em maior número, mas é oferecida *demais*. Há 1.077 cursos de graduação em Direito no Brasil,[3] dos quais 230 são oferecidos no Estado de São Paulo e, destes, 75 só na cidade de São Paulo, por exemplo. É uma quantidade exagerada de cursos de graduação. Isso é provado por pelo menos três referências: uma comparativa (com outros países com as mesmas dimensões sociais do Brasil), uma qualitativa (é praticamente impossível garantir a boa qualidade de tantos cursos) e uma acadêmica (tal proliferação quantitativa pode desencadear a decadência qualitativa). Falemos destas referências.

A *referência comparativa* é sempre lembrada pelos críticos do elevadíssimo número de cursos de graduação no Brasil. Retomando a comparação que há pouco fizemos com os Estados Unidos, veremos que por lá há menos de 200 cursos de graduação em Direito, contra os nossos mais de mil. E, como se sabe, a formação jurídica nos Estados Unidos é muito melhor dosada do que aqui, o que quer dizer que são menos recorrentes os casos de má qualidade da formação jurídica. Não bastasse isto, não há Estado naquele país que não conte com boas instituições de ensino jurídico, o que significa que não é viável por lá a *desertificação educacional* que é corrente por aqui, na maior parte do nosso País, especialmente nos Estados das regiões Norte, Centro-Oeste e Nordeste. Um exemplo em que os Estados Unidos nos mostra que é perfeitamente possível, com um número menor de instituições, suprir constantemente a sociedade com número suficiente de bacharéis. Outros países poderiam ser tomados como referência, mas, para isso, os Estados Unidos já são exemplo suficiente.

A *referência qualitativa*, para se condenar o número elevadíssimo de cursos de bacharelado em Direito no Brasil, é o fato de que é impossível garantir a boa qualidade em tantos cursos de graduação. Ainda sem entrar no mérito qualitativo de cada instituição em específico, não há como garantir a qualidade de tantos cursos, porque a maioria deles é oferecida em grades não universitárias ou pseudo-universitárias, isto é, fora de universidades ou de projetos peda-

---

3 Segundo pesquisa realizada em novembro de 2007.

gógicos universitários. Isso, sobre o que quase ninguém fala nos veículos de comunicação, é muito importante e muito grave. Só há tamanho número de cursos de graduação espalhados pelos rincões do País porque não há a necessidade de serem, tais cursos, orientados pela *qualidade universitária*.

Fala-se muito hoje em cursos de qualidade ou cursos sem qualidade. Mas, segundo penso, a única qualidade que interessa para um curso superior é a *qualidade universitária*, esteja ele dentro de uma universidade ou não. Qualquer outra modalidade de qualidade que se pense para um curso superior – por exemplo, a "qualificação profissional" – é insuficiente ou perigosa para a conquista desta qualidade, pois a *qualidade universtária*, dizíamos, é a que deve ser buscada por qualquer curso superior e depende de ser implementada por um projeto pedagógico de traços universitários – ou seja, um projeto acadêmico que exija não apenas a formação profissional para o mercado de trabalho, mas que permita a formação para a pesquisa e para a reflexão sobre os conteúdos do curso.

Este aspecto, tão essencial, é mantido a sete chaves nas propagandas dos concursos vestibulares, afinal nenhum jovem costuma procurar um curso superior para ter formação acadêmica, e sim para ter formação profissional. Ocorre que um curso superior que não tenha caráter de formação para a pesquisa não passa de um curso técnico. A avaliação da qualidade dos cursos superiores no Brasil deve dar conta desta exigência intelectual dos cursos, que é a de manter níveis de excelência internacional, e não mera suficiência mercadológica local. Este controle qualitativo, que deve ser realizado tanto pelos órgãos de regulação da educação e da pesquisa no País quanto por cada instituição, torna-se inviável na medida em que há uma desproporção entre o modelo de prática universitária que se exige de um curso universitário e o caráter provinciano e tecnicista que a maioria dos cursos acaba podendo oferecer por sua impotência acadêmica que o constitui.

Finalmente, há uma *referência acadêmica* para a condenação ao excesso de cursos de bacharelado no Brasil, e que é conseqüência direta da referência anterior: esta proliferação quantitativa de cursos de bacharelado *exige* sua decadência qualitativa. Ou seja, se temos uma multiplicidade de cursos superiores sem qualidade universitária, isso foi proporcionado por um grande vazio intelectual na nossa sociedade – que não exigiu uma formação de qualidade intelectual elevada, ficando satisfeita apenas com a qualificação profissional –, e tem como resultado uma estrutura pseudo-educacional que, doravante, precisa manter seu grau de deficiência de modo que continue a angariar clientes.

A todas essas referências, pode-se ainda acrescentar uma *referência social*: a sociedade, apesar do interesse que em seu interior é alimentado pelos cursos de Direito e de Administração, não precisa de tanta proeminência em cursos de Direito e de Administração; ao contrário, precisa de acesso à formação em *todas* as áreas do conhecimento (isso é uma das exigências do ensino universitário), pois precisa valorizar todas as áreas profissionais e não apenas aquelas ligadas às estruturas do poder.

Estas referências enfatizam o distanciamento que há entre um grande número de cursos de graduação e as exigências de uma estrutura universitária de ensino superior. Muito desta crítica já foi dito e deve ser sempre repetido, e não desenvolvo mais esses tópicos por já me permitir considerar que estes dados se tornaram óbvios. Ou, ao menos, que é óbvio que um curso superior tem de *alcançar qualidade acadêmica para além da qualificação profissional*, assim como uma qualificação para o mercado de trabalho é perfeitamente garantida por uma verdadeiramente boa formação acadêmica.

De que maneira resolver – se poderia perguntar –, da melhor forma possível, esta importante dicotomia enfrentada pela sociedade brasileira, se, por um lado, está a exigência das pessoas que procuram os cursos com expectativas de elevação profissional e se, de outro lado, está a própria sociedade em sua busca constante por meios mais eqüitativos de convivência entre seus membros? Esta é uma questão que não pode ser posta de lado, mas que merece profunda reflexão para que se tenha a solução adequada.

À guisa de considerações preambulares, nesta perspectiva de análise da questão, e se voltássemos os olhos para um passado nem tão distante, provavelmente poder-se-ia realinhar alguns pontos positivos e outros pontos negativos, relativamente à eterna pergunta acerca da conveniência de se abrirem novos cursos no País, ou se seria preferível manter o número atual de cursos. Por exemplo, um primeiro ponto a ser relembrado seria o que se marca pela ocorrência de ampliação da oferta de cursos superiores entre nós, no final dos anos 1960 e início dos anos 1970, quando Jarbas Passarinho era Ministro da Educação e Delfim Neto era um importante condutor das políticas econômicas em nosso País. Pois bem, até meados dos anos 1970, a maioria das vagas de ensino superior era oferecida pelas universidades públicas, principalmente as federais e as estaduais, e a então bem pequena porção de pessoas que tinha acesso à educação superior não questionava nem discutia a qualidade daquele ensino de um modo geral. Mas uma importante mudança ocorreria, naquela época. Os investimentos privados empregados no sentido de aumentar a oferta de vagas na educação, principalmente para ensino médio e superior, foram fortemente estimulados a partir deste período, produzindo o crescente e sistêmico aumento das instituições privadas que, hoje, são francamente majoritárias.

O principal argumento que justificou a mudança política foi o fato de que se permitiu às pessoas que podiam pagar por cursos superiores, que o fizessem, independentemente das possibilidades ou chances de colocação mercadológica que estes mesmos cursos deveriam lhes abrir. O mote de justificação de tal argumento descreve que o mundo moderno tem se modificado no sentido de criar novas funções de trabalho que exigem competências altamente flexíveis dos indivíduos. De fato, a literatura lista mais de 3.000 funções já claramente identificadas pelos mercados, enquanto os sistemas universitários trabalham com um universo inferior a duas ou três centenas de profissões para as quais dirige seus ensinamentos.

Não há, portanto – e segundo a visão favorável à ampliação dos cursos superiores no Brasil – possibilidade de uma relação biunívoca entre o diploma universitário e o desempenho da função correspondente. Em outras palavras, uma grande maioria dos graduados em cursos de educação superior deve estar trabalhando em funções não exclusivas, ou privativas, de portadores de diplomas específicos. O fato do número de funções ser muito superior ao número de diplomas específicos justifica uma moderna exigência dos mercados: os profissionais precisam ter visões cada dia mais ecléticas e devem ter flexibilidade suficiente para adaptar seus conhecimentos e habilidades a situações e a rotinas diferentes das anteriormente seguidas. Desta forma, a educação de ensino superior deve, por exigência do mercado – e ainda de acordo com esta visão favorável à ampliação de cursos superiores no País –, preparar pessoas mais *generalistas* ou que tenham a capacidade de se ajustarem a diferentes funções ou a diferentes novas formas de descrever o mundo.

Talvez iniciássemos esta reflexão – que, obrigatoriamente, requer a análise em *mão dupla* – considerando, primeiro, a condição qualitativa dos nossos cursos de graduação. Sim, porque aqui tratamos dos motivos pelos quais a grande quantidade de cursos não deve ser motivo de comemoração e, ao contrário, deve ser motivo de preocupação. Falamos, também, de como tal cenário quantitativo é incongruente com exigências qualitativas. Falta, porém, pôr o dedo diretamente na nossa própria ferida e dizer algo a respeito da qualidade que efetivamente temos. Será que a qualidade dos nossos cursos é universitária ou o quê?

Para avaliar a qualidade dos nossos cursos jurídicos, nós nos valemos, em última instância, da avaliação pelos órgãos federais e estaduais de educação. Tal avaliação, diante do nosso cenário de insuficiências institucionais, sociais e, por fim, acadêmicas, é praticamente uma farsa – dado que continuam funcionando impunemente cursos academicamente tão deficitários. Os órgãos estatais de avaliação da educação têm plena consciência disto e travam uma incessante discussão interna sobre os rumos da educação superior no Brasil e a reforma dos próprios instrumentos de avaliação. Enquanto isso, dão-se outras formas de avaliação, dadas por outras entidades e mesmo pela própria sociedade.

No caso dos cursos de Direito, considerados por estudantes, professores e profissionais como cursos principalmente profissionalizantes, esta avaliação é entendida como a principal avaliação de acesso à própria carreira jurídica: o exame da OAB. Mais que as avaliações realizadas pelo MEC ou pela Capes, repercute na sociedade – ou, ao menos, nos meios de comunicação – com um mínimo de intensidade a avaliação conduzida pelo exame da OAB. É curioso, visto que o exame da OAB não é uma avaliação universitária nem uma avaliação da universidade, a começar pelo fato de não envolver todos os estudantes nem mesmo todos os bacharéis. O exame da OAB é, simplesmente, o exame da suficiência exigida para o ingresso na carreira advocatícia, e – como é sabido por todos – sempre nos apresenta dados alarmantes: dos graduados em Direito que se submetem ao exame da OAB a grande maioria é simplesmente reprovada. A primeira coisa que se evidenciaria disto é o que qualquer avaliação universitária séria comprovaria: os cursos de graduação em Direito formam deficitariamente seus bacharéis, ou mesmo *deformam* seus estudantes em lugar de formá-los bons bacharéis.

Este dado, de um ponto de vista universitário, é extremamente grave porque mostra que a universidade não está cumprindo o que deve ser sua finalidade social. Mas não é porque isso é um fato grave, do ponto de vista da qualidade universitária, que é também um fato de certa gravidade, do ponto de vista da sociedade. Ou seja, o que incomoda a sociedade não é o fato de a maioria dos cursos não ter qualidade universitária, mas sim o fato de a maioria dos cursos não garantir o acesso ao passo mais inicial do mercado de trabalho. É o mercado de trabalho, e não a excelência acadêmica, o que é visível para a sociedade, para os meios de comunicação, para os próprios estudantes.

De fato, é muito grave não se promover exitosamente a garantia deste acesso, mas é lamentável que não se veja, dentro do fracasso, a verdadeira causa, que é o nosso desinteresse por qualificação acadêmica, ou seja, pela qualidade universitária. A qualificação profissional deveria ser apenas uma das conseqüências da qualificação acadêmica e da cultura universitária. Mas, como vivemos nesta sociedade e dispomos deste sistema deficitário de cultura, temos de lidar com nossos elementos de carestia. E, embora os órgãos oficiais de avaliação da universidade tenham muito trabalho pela frente durante as próximas décadas, é, ao menos, um fator de alívio saber que dispomos desta *barreira*, que é o exame da OAB.

Sabe-se o quanto o exame da OAB é rigoroso em sua formulação e aplicação, sendo modelo de lisura para quaisquer futuros exames de ingresso em carreiras jurídicas (como o exame da Magistratura ou o exame do Ministério Público). Não fosse assim, nosso cenário seria ainda mais trágico, pois, ao invés de apenas um exército garantido de maus bacharéis, teríamos um exército correspondente de maus profissionais (maus na acepção técnica do termo, e não na acepção ética ou moral, que aqui é irrelevante). A seriedade do exame da OAB é imprescindível para que, somente bacharéis bem qualificados academicamente, possam ser habilitados profissionalmente, para o bem destes mesmos bacharéis, da profissão da advocacia que exercerão e da própria sociedade a quem endereçarão seus serviços.

Consciente de seu papel como avaliadora e observadora dos níveis de formação jurídica, a OAB sempre se manifesta publicamente, em especial na pessoa de seus presidentes, contra o elevado número de cursos jurídicos no Brasil, contra a desatenção destes cursos em respeito às exigências nacionais e internacionais de qualidade e, principalmente, em favor de uma melhora tanto dos instrumentos de avaliação oficial quanto das estruturas de ensino superior. Por toda a sua representatividade, a OAB é uma voz a sempre ser ouvida e levada a sério na discussão dos rumos da formação jurídica no Brasil.

Mas ela é uma voz que é ouvida, efetivamente, por outros motivos: porque é uma instituição com um poder muito mais relevante que aquele poder dos órgãos oficiais de avaliação – ela tem o poder de conceder o acesso à habilitação profissional, principal *télos* de todo estudante de graduação. O motivo pelo qual ela é ouvida pela sociedade e em especial pela comunidade acadêmica, assim, é um motivo pouco nobre. Mas o que importa é que ela é levada em consideração e, por isso, é imprescindível que a OAB sempre fale em nome de quem precisa falar, mas jamais é ouvida, ou seja, a própria universidade!

Eis a importância da OAB no cenário da discussão sobre os rumos do ensino jurídico: ela vem em defesa da universidade (esta expressão sempre no seu sentido mais amplo e filosófico), ela vem em defesa da qualidade universitária. Fazê-lo neste país e em tempos de tantas campanhas incessantes contra a universidade é um ato de heroísmo e de absoluto republicanismo. É necessário que a OAB se mantenha consciente desse papel e que suas intenções sejam sempre as mais nobres na defesa da qualidade acadêmica dos cursos de Direito – tanto em favor da formação profissional quanto em favor da formação cultural e universitária de nossos bacharéis.

Mas há mais. Não basta, como se sabe, e como a própria OAB insiste em dizer, denunciar os cursos ruins. É preciso fechar esses cursos. De fato, da mesma forma que é objetivo de todo estudante de Direito alcançar o mercado de trabalho, deveria ser finalidade de toda estrutura de ensino superior extinguir a influência academicamente negativa dos maus cursos de Direito. Quanto a isso, todos certamente estamos de acordo. No entanto, todo mantenedor de um mau curso de Direito argumentaria que ele deve ter uma segunda chance – ou uma vigésima-quinta, vigésima-sexta chance... – justamente porque a IES compreendeu agora a importância de "adaptar-se" aos padrões de excelência universitária. Entretanto, é preciso uma política paralela de compensação deste trabalho de *caça às bruxas*. Ou seja, se, por um lado, é realmente necessário fechar os cursos ruins e motivar os demais a atingirem níveis desejáveis de produtividade ou qualificação, por outro, também é preciso impedir que não se produza, com isto, a simples e originária falta de acesso aos cursos de graduação. Ou seja, é preciso impedir que a desertificação qualitativa seja substituída por uma desertificação quantitativa. É verdade que isso seria muito difícil, tamanho o número de cursos de Direito espalhados no País, mas não é uma perspectiva improvável que, um dia, os instrumentos de avaliação passarem a surtir algum efeito.

É preciso recordar o que leva tantos interessados a procurarem os cursos de Direito. É preciso recordar que há, efetivamente, um interesse autêntico pela formação jurídica, ao menos por parte dos estudantes. Se eles têm, em sua grande maioria, uma visão ingênua do que é esta formação, ou se têm uma visão estereotipada do que é a carreira jurídica, isso a própria formação virá ajustar à realidade; mas nem a ingenuidade nem o estereótipo invalidam o real interesse no principal: ter acesso a uma formação profissional de reconhecimento social e de boas chances no mercado.

Não se deve esquecer o interesse que a própria sociedade tem em atribuir ocupação aos seus integrantes, retirando-os de uma indesejável ociosidade contra a qual a formação profissional é sempre apresentada como uma solução. Deve-se, sim, fazer de tudo para que os cursos superiores tenham, efetivamente, nível superior de formação, mas é preciso garantir que haja cursos superiores ali onde são buscados. Tão terrível quanto o cenário em que uma multidão de bacharéis é enganada ao ser deformada por maus cursos de Direito, é o cenário em que nossos cidadãos buscam formação profissional, cultural, acadêmica e não dispõem de instituições confiáveis para prover tal formação.

Assim, é importante fechar os cursos ruins e é importante exigir excelência universitária de todos os cursos superiores, mas, *ao lado disto,* é igualmente importante garantir meios de acesso às instituições que já existem, estejam elas onde estiverem. Não dispomos de um sistema educacional de excelência, não dispomos de um sistema de ensino jurídico ideal, mas podemos lidar melhor com aquilo de que dispomos. Afinal de contas, o acesso aos cursos superiores não deixa de constituir um mínimo de acesso a um direito, o direito à educação. Preservemos este direito, mas façamo-lo plenamente: concedamos o pleno exercício do direito à educação, segundo as necessidades dos estudantes, e não do mercado.

O que significaria garantir educação segundo os interesses do mercado? Seria seguir na linha em que estamos: oferecer cursos que alegam formar bacharéis sem, todavia, exigir nas avaliações do curso o mesmo nível de exigência que vem sendo devidamente exigido pelo exame da OAB. E o que significa garantir a educação segundo os interesses dos estudantes? Exatamente o inverso: antecipar o exame da OAB desde o primeiro dia de aula no curso de graduação – e os projetos pedagógicos de cada curso que corram para cumprir esta exigência, que é de qualidade intelectual.

A formação jurídica, sendo superior, pressupõe e exige formação cultural plena, formação universitária consistente, formação acadêmica de qualidade universitária – tudo isso para além da mera formação profissionalizante. Da formação jurídica, diz-se dever permitir aos seus bacharéis serem melhores cidadãos. Cada IES conseguirá isso se, e somente se, primeiro, preparar-se para oferecer um curso de qualidade universitária e, segundo, não desistir deste projeto uma vez autorizado, ou em funcionamento, o curso de graduação.

Finalmente, à OAB caberia mais uma missão, diante dessa sua empreitada sempre heróica em favor de um ensino jurídico de qualidade, e esta é uma missão verdadeiramente devotada a formar melhores cidadãos. Um dos argumentos mais usados para a proliferação de tantos cursos jurídicos no Brasil é, quem diria, o argumento segundo o qual é preciso ter formação superior para obter um bom emprego. Nada mais falso. A formação superior deve ser uma conseqüência do interesse do próprio estudante em aprimorar-se em dada formação ou em dada carreira, e não um requisito para que ele se torne um profissional, nem mesmo para que se torne um profissional respeitado. Não é o ensino superior que deve tornar alguém um cidadão. Toda pessoa já deve ser reconhecida como um cidadão, independente do seu grau de formação. Isso significa que a formação universitária não deve ser passaporte para a dignidade de ninguém.

Mas, quando se argumenta – um tanto sem pensar, por vezes – que é preciso que todos tenham formação para que sejam bons cidadãos, há um fundo de verdade. Não que isso seja *formação universitária*, mas, de fato, para que cada pessoa seja, *para si mesma*, um bom cidadão, para que *tenha consciência* de ser um bom cidadão, é preciso que ela tenha certa formação cultural – e o nível mínimo desta formação é, em termos ideais, aquele nível mínimo de formação que toda sociedade deve proporcionar obrigatoriamente a cada um de seus cidadãos: não o ensino superior e sim o ensino médio.

É o ensino médio, ou melhor, todo o acúmulo de educação que tem por termo a finalização do ensino médio, que dá a cada cidadão a formação cultural e intelectual minimamente desejável para um adulto. E, em uma sociedade justa, tal nível de formação já deveria ser suficiente para proporcionar oportunidades de trabalho suficientes para seu sustento, cabendo aos níveis técnico-profissionalizantes e superior de educação uma tarefa *complementar* de formação. Mas, como já irresponsavelmente desistimos de investir no ensino fundamental e médio, então desviamos nossa atenção, por vezes, para os cursos técnico-profissionalizantes e para os cursos superiores, repassando a estes cursos o papel de serem os concessores de passaportes para a cidadania.

Mas isto não pode ser verdade, a não ser que alguma pessoa escolha graduar-se apenas com este intuito, isto é, com a intenção clara de informar-se mais e formar-se não para a vida profissional, mas para tornar-se um melhor cidadão. Daí, sim, o assunto estaria no prumo certo. Mas, se alguém vai à busca do curso de Direito, por exemplo, e espera alçar-se, com isso, a uma condição profissional adequada e correspondente, e, se por qualquer razão, não conseguir alcançar este desiderato, por não vencer a *barreira autorizativa* para o exercício profissional determinada pelo exame da OAB, então aquela afirmação não pode ser verdadeira. Mas apenas nestes raros casos.

Não posso encerrar estas minhas digressões, considerações e reflexões sem antes reformular o meu apreço pelo empenho da OAB em buscar preservar e estimular a qualidade do ensino jurídico brasileiro, como meio de garantia e respeito à cidadania daqueles que necessitam dos serviços dos profissionais do Direito, mas não só isso. Desejo, igualmente e, por fim, deixar o registro de algo que sempre está presente em minhas preocupações e que pode ser um bom caminho de oportunizar a educação como elevação das condições de melhor cidadão a cada brasileiro: a inclusão, na grade do ensino médio, de uma disciplina denominada *Direito*.

4

Pós-graduação

o mestrado profissionalizante e o mestrado interinstitucional* (a armadilha do mestrado profissionalizante)

SUMÁRIO

1. INTRODUÇÃO: A CRIAÇÃO DAS NOVAS MODALIDADES DE MESTRADO

No último decênio, a Coordenação de Aperfeiçoamento de Pessoal de Nível Superior (Capes) implementou duas inovações na pós-graduação brasileira: a criação de um *mestrado profissionalizante* e a criação de um *mestrado interinstitucional*.

São duas inovações – cuja implementação por meio de portarias da Capes já tem cerca de dez anos, e coincidem, portanto, com a elaboração da Lei de Diretrizes e Bases da Educação Nacional (a LDB, Lei n. 9.394/96) – que já tiveram tempo de se adaptar a certas tendências trazidas pela própria LDB e, principalmente, já tiveram tempo de ser postas em prática (de certa forma,

* Palestra proferida no seminário As diretrizes curriculares, o projeto pedagógico e o futuro dos cursos de graduação e de pós-graduação, promovido pela CM Consultoria, no Hotel Pergamon, São Paulo, em 13 de maio de 2004.

experimentalmente) em determinadas Instituições de Ensino Superior. Com isso, já há poucos anos temos os primeiros grupos de pós-graduandos formados tanto em *mestrado profissionalizante* quanto em *mestrado interinstitucional,* como se tais modalidades tivessem sido, em definitivo, integradas à estrutura da pós-graduação brasileira.

Todavia, ainda são poucos os que hoje, mesmo no interior dos programas de pós-graduação, sabem do que se trata essas duas inovações, e, conseqüentemente, são pouquíssimos os que tiveram a oportunidade de conhecer os projetos pedagógicos, institucionais ou simplesmente empresariais que sustentam tanto o *mestrado profissionalizante* quanto o *mestrado interinstitucional.*

Não que não tenha havido convite, em termos oficiais, para esse conhecimento e essa discussão: as duas propostas, criadas e desenvolvidas no interior da Capes, foram acompanhadas por reitores, coordenadores, pesquisadores e financiadores de todo o País. Mas, fora do âmbito da Capes, foram poucos os universitários que se puseram a participar dos debates em torno da sua implementação. Ainda hoje, dez anos após as primeiras portarias sobre essas inovações para a pós-graduação, quase ninguém sabe do que se trata. Esse desconhecimento não é apenas relativo, mas, ao contrário, é um desconhecimento *grave,* porque hoje se percebe o que alguns já tinham antevisto na época da implementação de tais programas – especialmente o *mestrado profissionalizante* – e de outras inovações trazidas ou possibilitadas pela LDB: *a implementação das novas modalidades, quando mal cuidada e mal direcionada, pode ter aberto uma perigosa porta para o sucateamento do próprio mestrado acadêmico, quando não da pós-graduação stricto sensu como um todo.*

É isso o que pretendo discutir aqui.

Poderia ser uma discussão sobre estratégias em favor de como ampliar os programas já instalados de *mestrado interinstitucional,* ou em favor de como implantar o *mestrado profissionalizante* na área jurídica, por exemplo. Todavia, dados certos resultados verdadeiramente negativos para a Universidade, advindos da falta de cuidado com a implantação destas inovações, antes é hora de uma pausa para refletir sobre o que há de errado em tais programas, bem como sobre o que é preciso fazer diante de tais erros.

2. TRAÇANDO O PERFIL DO MESTRADO PROFISSIONALIZANTE E DO MESTRADO INTERINSTITUCIONAL

Como nem todos sabem o que são os dois programas, cabe uma explicação previamente concisa.

2.1 Mestrado profissionalizante

O *mestrado profissionalizante* é um programa existente desde 1995,[1] criado às portas da promulgação da LDB, e proposto para todas as áreas universitárias (humanas, exatas, biológicas). Segundo a própria Capes, consiste em uma modalidade de mestrado diversa e paralela ao mestrado acadêmico tradicional, pois seria um tipo de mestrado voltado "mais diretamente às necessidades do mercado de trabalho",[2] no qual o pós-graduando receberia uma extensão da sua graduação, com ênfase na formação profissional e nos interesses mais imediatos do mercado, em vez daquela formação tradicional do mestrado voltado para a pesquisa e para a formação de professores e pesquisadores.

Ou seja, o *mestrado profissionalizante* é um mestrado em que o pós-graduando é dispensado da pesquisa, mas, apesar disso, adquire uma titulação *stricto sensu* que contaria pontos na concorrência por emprego. Um pós-graduando em Direito, neste caso, adquiriria o título de mestre sem precisar ter sido iniciado à pesquisa, nem precisar ter elaborado uma dissertação de mestrado (requisito essencial para a conclusão do mestrado tradicional ou acadêmico). Finalmente, como o *mestrado profissionalizante* é voltado principalmente para a formação mais aprofundada ao mercado de trabalho, e não à formação acadêmica, científica ou docente, ele não seria, como é e sempre foi o mestrado acadêmico, requisito para o ingresso no doutorado. Mas, segundo sua proposta original, nem precisa sê-lo, pois o mestrado profissionalizante viria responder não a uma demanda permanente da Universidade brasileira por futuros doutores/pesquisadores, mas sim a uma demanda urgente do mercado de trabalho por *mestres profissionais*, isto é, por profissionais com um título a mais no currículo.

Assim, os programas tradicionais de mestrado prosseguiriam seu curso normal, bem como os de doutorado e de pós-doutorado, mas seria criada uma

---

1 Instaurado pela Portaria Capes n. 47/95, revogada, por sua vez, pela atualmente vigente Portaria Capes n. 80/98. Disponível em: <http://www.ime.usp.br/~song/diretor/mp-por80.html>.

2 Disponível em: <http://www.ime.usp.br/~song/diretor/mestprof.html>.

nova modalidade de pós-graduação *stricto sensu*, o *mestrado profissionalizante,* que, apesar de ser mestrado, curiosamente não envolveria – como já mencionado – nem pesquisa nem dissertação, tendo, no lugar disso, uma série de outras formas de avaliação.

Quais seriam essas formas de avaliação e de que forma funcionaria o *mestrado profissionalizante* em todas as áreas da formação universitária é o que se discute atualmente. Já há algumas experiências pioneiras de *mestrado profissionalizante,* inclusive com turmas formadas, basicamente na área das ciências exatas, por exemplo, turma de mestrado profissionalizante em engenharia de software do Instituto de Pesquisas Tecnológicas (IPT), por meio de um convênio entre esse Instituto e a USP, bem como turma de mestrado profissionalizante em modelagem matemática e finanças na FEA-USP. Essas experiências têm sido elogiadas e apontadas como exemplo de uma melhor capacitação para o mercado de trabalho. Todavia, o assunto não tem encontrado unanimidade nas críticas que recebe; o tema permanece em franca discussão. Prova disso é a repercussão, dentro da Capes, de um *relatório de novembro de 2003* que propunha diretrizes para essa nova modalidade de mestrado. Trataremos disso mais adiante. Por enquanto, guardemos o que é a idéia básica do *mestrado profissionalizante*: um mestrado dispensado da pesquisa e voltado diretamente para o mercado de trabalho.

2.2 Mestrado interinstitucional

O *mestrado interinstitucional* (Minter) é um programa existente desde 1996 (ano da LDB), criado com o objetivo de, segundo a própria Capes,

> ... viabilizar o acesso no País a cursos de mestrado de alto nível, de modo a promover a capacitação de docentes integrantes do quadro permanente de Instituição de Ensino Superior, que enfrentam dificuldades de liberar um número expressivo para as localidades em que tais cursos são regularmente oferecidos.[3]

[3] Disponível em: <http://www.capes.gov.br/chamadas/chamadas/Minter.htm>. Uma série de outros documentos sobre o Minter – constituída basicamente por relatórios e estudos sobre o funcionamento desse programa –, que o portal da Capes disponibilizava, estava indisponível em abril e maio de 2004. Fora do portal da Capes, o portal da Universidade Federal do Maranhão apresenta sinteticamente o modo de funcionamento do Minter no endereço: <http://www.ufma.br/ppdt/posgraduacao/minter-especial.php>.

Também proposto para todas as áreas universitárias, o *mestrado interinstitucional* não consiste, propriamente, em uma modalidade paralela ao mestrado acadêmico, nem mesmo paralela ao mestrado profissionalizante, mas simplesmente consiste em uma *nova estratégia de acesso ao próprio mestrado* (a princípio, o mestrado acadêmico; mas futuramente, quem sabe, também o profissionalizante). O *mestrado interinstitucional* viria resolver um dos problemas mais crônicos do seu público-alvo, que é o acesso ao mestrado acadêmico. Assim, o *mestrado interinstitucional* seria endereçado a professores de Instituições de Ensino Superior que necessitam, a curto ou médio prazo, da titulação do mestrado, mas que não têm acesso a programas de mestrado na cidade ou na região em que vivem, bem como não têm condições de se deslocar por longos períodos (semestres ou mesmo anos) para outra cidade ou Estado nos quais esteja localizada a Universidade que oferece o programa de pós-graduação que, para eles, seria o mais interessante. A solução trazida pelo *mestrado interinstitucional* é a aplicação simples do ditado "Se Maomé não vai à montanha, a montanha vai a Maomé": em lugar de os alunos irem à Universidade cursar o mestrado, a Universidade vai aos alunos ministrar o mestrado; ou seja, seria um mestrado volante.

Funcionaria da seguinte maneira:

a) forma-se um grupo de alunos interessados, ou seja, um grupo de professores sem titulação e que vivem ou trabalham em uma mesma região, têm interesses aproximados e aceitariam elaborar pesquisas de mestrado em uma mesma área;

b) estabelecida a clientela de alunos em determinada Instituição (a Instituição receptora) e identificada uma área na qual todos aceitariam estudar e incluir projetos individuais de pesquisa, cria-se, de uma só vez, uma *turma fechada* de pós-graduandos *stricto sensu.* Essa turma, em sua Instituição de origem, recebe a visita dos professores vindos da Instituição promotora, ou seja, a Instituição de Ensino Superior (normalmente uma Universidade ou um Centro Universitário) que possua programa de mestrado recomendado e que tenha condições de enviar freqüentemente à Instituição receptora esse grupo de professores para ministrar aulas e mesmo para orientar os alunos, ou clientes, do curso;

c) estes alunos só precisariam se deslocar à cidade-sede da Instituição promotora na época da defesa da dissertação (já que também é inviável, ao menos por enquanto, o estabelecimento de uma banca volante de defesa de mestrado). É uma experiência que também já começou a ser posta em prática, e com mais facilidade; a título de exemplo, cito uma turma de professores do Rio Grande do Sul (Caxias do Sul) que fez *mestrado interinstitucional* pela Universidade Federal do Paraná, ou de uma turma de professores de Minas Gerais (Pouso Alegre) que também fez *mestrado interinstitucional* pela mesma Universidade Federal do Paraná, entre outros exemplos (raros, é verdade) que poderiam ser citados como eficientes e bem-sucedidos. Aparentemente, não fossem estas oportunidades abertas pelo programa do *mestrado interinstitucional*, tais professores continuariam sem a titulação. No entanto, após obtê-la, podem se manter como professores em suas Instituições de origem e, melhoradas as circunstâncias, podem mesmo buscar ingresso em programas de doutorado.

3. COMO SE IMPLANTA UM MESTRADO INTERINSTITUCIONAL NA ÁREA DO DIREITO, POR EXEMPLO?

Em uma hipótese:

a) identificar-se-ia um grupo de professores em uma Faculdade de Direito no interior de um de nossos Estados (muitas vezes os mais distantes ou os menos servidos nesta área) e que, pela exigência da LDB, precisam do título de mestre, mas não têm condições de deslocamento à Universidade Federal ou Estadual mais próxima, muito menos têm condição de se instalar em suas cidades-sede durante uma temporada longa;

b) propõe-se a todos eles um curso de pós-graduação *stricto sensu*, em nível de mestrado, na área, digamos, de Direito do Trabalho, devendo todos os interessados elaborarem, então, seus projetos de mestrado, isto é, projetos de pesquisa que devam resultar, no futuro, na elaboração de uma dissertação de mestrado, um livro cientificamente documentado e rigoroso sobre o assunto estudado;

c) devem, também, com urgência, apresentar sua proficiência em língua estrangeira, um dos requisitos para ingresso no programa de mestrado; para tanto, normalmente não há a exigência de que o candidato seja fluente na outra língua, mas há de conhecê-la o suficiente para fazer uma tradução sem uso de dicionário, compreendendo o sentido do texto;

d) finalmente, é possível que ainda se exija – se tanto – uma prova de conhecimentos gerais na área; no nosso caso, uma prova de Direito do Trabalho, cuja bibliografia é normalmente acessível a todos os integrantes do público-alvo. Feita a prova de Direito de Trabalho, a tradução de texto em língua estrangeira e entregue o projeto de pesquisa, é possível estabelecer o convênio e dar início, enfim, à busca da concretização dos necessários créditos. Semanalmente (quase sempre às sextas-feiras e aos sábados), os alunos recebem a visita de um ou dois professores da Instituição promotora, experiência que dura usualmente de dois a três semestres; passado este período, escreverão, todos ao mesmo tempo, suas dissertações de mestrado sobre temas que se relacionam – ou se subsumem – à linha de pesquisa mestra daquele curso. Assim, apesar do grupo de participantes que são professores de Direito Civil, Direito Penal, Direito Constitucional, Direito do Trabalho, Direito Comercial, Sociologia do Direito, Filosofia do Direito, Economia etc., todos se tornam mestres em Direito com ênfase em Direito do Trabalho – no caso de nosso exemplo –, ainda que suas dissertações tenham procurado o liame interdisciplinar entre esta subárea (e sua respectiva linha de pesquisa fundamental) e a disciplina à qual dedicam a sua docência.

Após a fase de titulação de todos os participantes, a Instituição receptora pode apresentar ao MEC os certificados destes seus professores e receber pontos na avaliação quantitativa oficial. A um só tempo, dois objetivos imediatos do mercado de trabalho são alcançados: os mestrandos mantêm seus postos graças ao título de mestre, e a Instituição receptora ganha pontos na avaliação do MEC sem sofrer a ausência dos seus professores em programas externos de pós-graduação durante um ou dois anos letivos com tantas aulas a ministrar, provas a corrigir e novos bacharéis a lançar no mesmo mercado de trabalho. Convém registrar que a modalidade de *mestrado interinstitucional* só pode ser desenvolvida, na Instituição receptora, para *uma única turma*. Não mais.

Como se observa, o *mestrado interinstitucional* não concorre com as demais modalidades de mestrado, nem sequer substitui qualquer um dos programas tradicionais de mestrado acadêmico, de doutorado e pós-doutorado; mas a novidade seria um maior número de mestres titulados, graças a esse recurso por meio do qual, em vista da impossibilidade ou dificuldade do mestrando deslocar-se até a sede da Universidade que lhe concederá o título, esta é quem envia uma equipe até ele. Assim como acontece com o mestrado profissionalizante, este *mestrado interinstitucional* tem sido elogiado por seus participantes e apontado como solução para o maior acesso não apenas ao mestrado, mas ao mestrado acadêmico. Ele tem sido considerado, também, uma forma de *democratização* do mestrado acadêmico, porque daria acesso a um direito fundamental – a educação superior – e, ao mesmo tempo, ajudaria a manter ou, ao menos, viabilizar outro direito, o direito ao emprego.

Todavia, apesar de o *mestrado interinstitucional* ter sido também implementado segundo as formalidades internas determinadas pela Capes e, passado o tempo, já haver turmas formadas, o debate acerca de *como*, do *que é* e, principalmente, *como deve ser* o *mestrado interinstitucional* continua tão aberto quanto está o do mestrado profissionalizante. Além de aberto, e contrariando o que muitos esperariam, também ele prossegue polêmico.

Prova disso é o movimento, em várias Universidades, em favor da defesa da Universidade pública – movimento que tem se dedicado a denunciar todas as formas de *flexibilização* do rigor da pós-graduação, porque essa *flexibilização* pode trazer, na prática, um prejuízo maior do que os ganhos para o mercado de trabalho, quer dizer, pode trazer o prejuízo de *se perder a possibilidade de se realizar ciência no Brasil*, por causa da *minoração do valor da própria pesquisa no processo de formação do mestrando*. De fato, quando se fala em *mestrado interinstitucional*, a proposta resume-se a levar o curso de mestrado aos alunos, mas nada é dito em termos de levar aos alunos condições para fazer um bom curso. É o debate sobre tais condições que está aberto, e no qual pretendo me incluir, embora deva registrar que *pessoalmente* conheço programas de *mestrado interinstitucional* (como aqueles que mencionei anteriormente, por exemplo) que efetivamente garantem a qualidade da pesquisa e dos seus resultados, sempre o mais próximo possível da mesma qualidade alcançada pelos participantes dos programas de mestrado na própria sede da Instituição promotora. Mas esta realidade parece não ser constante em outros casos, inclusive em outras áreas do conhecimento.

Por enquanto, guardemos o que é a idéia básica acerca do *mestrado interinstitucional:* um mestrado certamente voltado para a pesquisa, que busca garantir o acesso à titulação dos professores participantes, mas que não se preocupa, na mesma intensidade (na maior parte das vezes, ao que indicam os mais críticos), em garantir os mais elevados e mais completos instrumentos de pesquisa (que estão localizados nas sedes das Universidades promotoras quase sempre).

4. OS PONTOS NEVRÁLGICOS DOS MODELOS EM ANÁLISE: MESTRADO PROFISSIONALIZANTE E MESTRADO INTERINSTITUCIONAL

O que pode ser dito, pelo que até aqui se demonstrou, acerca dos dois programas em conjunto: o *mestrado profissionalizante* e o *mestrado interinstitucional?*

Ambos, aparentemente, estão baseados nas melhores intenções, e não foi sem entusiasmo que foram recebidos pelas Instituições de Ensino Superior e suas clientelas. Afinal, como foi dito há pouco, estas novas modalidades viriam para democratizar o acesso ao título de mestre, respondendo de imediato a uma demanda urgente do mercado de trabalho: a titulação.

Convidaria-os a pensarmos, juntos, justamente neste ponto, pois aí pode estar sediada a raiz de alguns dos problemas que embasam as críticas e as opiniões desfavoráveis às modalidades de mestrado de que cuidamos.

A instauração desses dois programas de mestrado veio explicitamente responder ao mercado de trabalho, e não à educação. Este desenho concebe que a formação da pós-graduação (assim como da graduação, do ensino médio etc.) deve ter, como horizonte, o mercado de trabalho, quando, na verdade, é o mercado de trabalho que deveria investir em atividades políticas e sociais que viabilizassem uma adequada formação. Assim, idealizadamente:

- formação intelectual e, *de forma apenas suplementar,* profissional no ensino médio;
- formação intelectual e *igualmente profissional e acadêmica* na graduação;
- formação intelectual, acadêmica e *principalmente profissional* na pós-graduação *lato sensu* (especialização);
- formação intelectual, profissional e *principalmente acadêmica* na pós-graduação *stricto sensu* (mestrado, doutorado, pós-doutorado).

O mercado de trabalho não é um ponto de referência ideal para a definição dos horizontes do ensino e da educação. Dizer isso, hoje em dia, pode até parecer uma heresia, já que os meios de comunicação e de propaganda contratados pelas Instituições de Ensino repetem sem parar a idéia de que há uma corrida pelo mercado de trabalho e que é preciso escolher a melhor escola que capacite o aluno para ele. Praticamente nada é dito, seja nos meios de comunicação, seja fora deles, sobre qualidade intelectual e acadêmica; ao contrário, a disputa mercadológica da educação brasileira, e principalmente da educação superior, ocorre com instrumentos de propaganda e marketing em lugar de instrumentos intelectuais. Não se busca a melhor formação, mas sim o melhor currículo. É um erro. Ao nos preocuparmos, apenas ou principalmente, com melhores números, seja no currículo pessoal de cada bacharel ou mestre, seja no currículo de cada Instituição de Ensino Superior, deixamos na sombra os índices autênticos a respeito do conteúdo desses números. Acostumamo-nos cegamente a medir o valor de alunos, professores e Instituição por meio de estatísticas, quando a única coisa que funciona na prática – tanto em termos de pensamento ou de conhecimento quanto em termos de eficácia profissional – são as pessoas e a Instituição com uma formação racional, completa e responsável.

Mesmo por isso, quando colocamos em pauta esse assunto de hoje, revestido por dupla novidade, o *mestrado profissionalizante* e o *mestrado interinstitucional,* a pergunta que mais angustia e produz urgência no trato é a seguinte: "trata-se de uma discussão sobre *o que deve ser o mestrado*, ou de uma discussão sobre *como fazer o mestrado se curvar a novas formas de mestrado* que são, na sua raiz, muito mais voltadas para o mercado de trabalho que para a academia, para a pesquisa e para a ciência?"

Coloco essa interrogação porque, primeiro, os programas de *mestrado profissionalizante e de mestrado interinstitucional* (estes em várias áreas do conhecimento, em um número digno de ser considerado como casos mal cuidados ou mal conduzidos) deixaram de lado a essência do mestrado: *a formação acadêmica.* O *mestrado profissionalizante* fez isso explicitamente, apresentando-se como alternativa ao mestrado acadêmico; o *mestrado interinstitucional* fez isso de forma tácita, naqueles casos (infelizmente não raros) em que separou o aluno dos instrumentos de pesquisa, que estão acessíveis somente na sede.

Será um exagero de minha parte?

Para saber se é, ou não, é preciso retomar a conceituação *do que é ou deve ser um mestrado*; o resto, necessariamente, só poderá ser discutido depois.

Todos reconhecem a distinção entre graduação e pós-graduação. A graduação, para usar as palavras da própria LDB, é voltada para "candidatos que tenham concluído o ensino médio ou equivalente e tenham sido classificados em processo seletivo" (LDB, art. 44, II). A pós-graduação, por seu turno, e também nas palavras da LDB, compreende "programas de mestrado e doutorado, cursos de especialização, aperfeiçoamento e outros, abertos a candidatos diplomados em cursos de graduação e que atendam às exigências das Instituição de ensino" (LDB, art. 44, III). Não é o caso, certamente, de se confundir os níveis da graduação e da pós-graduação. Esta última cabe apenas àqueles que se dispuserem a ir além dos limites naturais da formação na graduação. A pós-graduação não é algo inacessível intelectualmente a ninguém, nem deve ser privilégio de uma classe ou de um grupo regional; mas, como todo tipo de formação, possui regras, objetivos, e nem aquelas nem estes devem ser desrespeitados, sob pena de se criar um monstro.

Quais são os objetivos da pós-graduação, enfim?

Aprofundar a formação do aluno para além dos limites da graduação. Como se trata de aprofundar o que foi concluído em uma graduação, pressupõe-se que aquele que vai para a pós-graduação já domina intelectualmente e profissionalmente determina área. Todavia, domina-a em um nível mínimo necessário para caminhar dentro dela, para exercer com segurança profissões da área, para pensar os problemas e desafios da área. Um bacharel em Direito, por exemplo, deve possuir todo o conhecimento necessário para advogar; um advogado, após breve período de prática, deve possuir todo o conhecimento necessário para ser um juiz ou um promotor. Assim, desnecessários deveriam ser, em tese, os cursinhos preparatórios para o exame da OAB ou para os exames da Magistratura ou do Ministério Público. Se eles existem – e proliferam –, é porque os cursos de graduação em Direito estão desleixando na formação intelectual e acadêmica dos seus professores (e só, conseqüentemente, dos seus alunos).

Isso no que diz respeito à graduação.

A pós-graduação, por sua vez, pode ser feita em vários níveis, já que há vários níveis de aprofundamento do que foi apenas iniciado na graduação (ainda que nela deva ter sido completado de tal maneira que se possa dominar certa arte, certa profissão). A experiência mostrou, há décadas, quais são esses níveis. Dividem-se basicamente em dois tipos: pós-graduação *lato sensu* e pós-graduação *stricto sensu*. O que diferencia estes dois tipos é a existência, ou não, de pesquisa: na pós-graduação *lato sensu,* não se pratica pesquisa; na *stricto sensu,* sim. Mais do que isso, a existência da pesquisa na pós-graduação *stricto sensu* é necessária e essencial.

Por quê? Pelo seguinte.

É certo que, em se tratando de pós-graduação, tanto as modalidades *lato sensu* quanto as *stricto sensu* representam um aprofundamento da graduação. Do contrário, não seriam pós. Todavia, quando um aluno se coloca a aprofundar seus estudos para além do quadro genérico apresentado pela graduação, isso significa certamente que ele deseja conhecer, em mais detalhes, no mínimo uma área (o que todo tipo de pós-graduação deve permitir), mas não significa que ele deseja ser professor daquela área (o que só um curso acadêmico – ou seja, um curso que habilite à pesquisa – permite formar), nem, ainda, que ele deseja ser um autor original naquela área (o que também só um curso acadêmico permite formar). Está aí a diferença. O curso de pós-graduação aprofunda assuntos introduzidos pela graduação, mas só em nível acadêmico – ou seja, *stricto sensu* – forma professores e autores (o que foi visto até pelo art. 66 da LDB: "A preparação para o exercício do magistério superior far-se-á em nível de pós-graduação, prioritariamente em programas de mestrado e doutorado"). Assim, a pós-graduação *lato sensu* existe para formar *especialistas* em determinada área (por exemplo, um bacharel em Direito que se torna especialista em Processo Civil, sem precisar ter se tornado pesquisador, professor ou autor original).

Já a pós-graduação *stricto sensu* existe para formar não especialistas, mas verdadeiros mestres (ou seja, professores) ou doutores (ou seja, autores inovadores) em determinada área. E, diferentemente do que a visão vulgar tem divulgado, para ser um professor no ensino superior é preciso ser, necessariamente, um pesquisador. O pesquisador não é um *não-professor*: a idéia de pesquisador já está subentendida na idéia de professor, *todo professor deve ser necessariamente um pesquisador* (ou não está habilitado a lecionar em nível superior). Ou seja, para se formar um professor, é preciso que ele seja formado (isto é, construído) como pesquisador. Isso não se consegue em uma pós-graduação *lato sensu,* mas só em uma pós-graduação *stricto sensu*: ou seja, do mestrado para cima.

Para que serve o mestrado, enfim?

Serve para formar professores em nível superior, isto é, professores-pesquisadores. Professores que não são pesquisadores não são professores de nível superior ou científico; no máximo – como estamos falando de nível –, são professores de nível técnico ou de nível médio; mas de nível superior, jamais.

Quanto ao doutorado e ao pós-doutorado, representam a pós-graduação em nível de formação de pesquisadores ainda mais avançados, que têm o mestrado (isto é, o domínio das técnicas de *pesquisa*) como requisito. Não cabe falar deles aqui, porque o nosso assunto restringe-se ao exame do nível de mestrado, bem como de sua defesa.

5. EM DEFESA DO MESTRADO ACADÊMICO: PROPOSTAS DE REDEFINIÇÃO DOS PROGRAMAS DE PÓS-GRADUAÇÃO *STRICTO SENSU* HOJE EXISTENTES

Nosso assunto é a *defesa* do mestrado (acadêmico, quero dizer) porque este tem literalmente recebido um frontal ataque, desde que foram implementados os programas de *mestrado profissionalizante* e *alguns programas de mestrado interinstitucional nas várias áreas do conhecimento.* O ataque não consiste na *criação* dessas duas novas modalidades de mestrado. Não há, rigorosamente, problema na criação dessas duas modalidades, mesmo porque elas de fato dão mais acesso à pós-graduação. O problema, em vez de estar na *criação* dessas modalidades, está em algo mais delicado e mortal: está na *designação* de ambas como *mestrado,* quando, na verdade, apenas se poderia considerar como tal o *mestrado interinstitucional* que se produzisse exatamente nos moldes e sob os requisitos mínimos da verdadeira pesquisa em pós-graduação! Nunca o *mestrado profissionalizante!*

Há um erro fundamental em ambos os projetos de mestrado: considerar que se trata de dois cursos de pós-graduação que podem ladear e se emparelhar com o mestrado acadêmico ou tradicional (verdadeiro *stricto sensu*), quando não há, em nenhum deles, *interesse direto* (no caso *do mestrado profissionalizante*) nem, na maioria das vezes, *possibilidade real* (no caso *do mestrado interinstitucional mal realizado*) de se empreender pesquisa, prática essencial para a formação de um professor.

Por que não há esse interesse?

No caso do *mestrado profissionalizante* – e uma vez que ele nem sequer é voltado para a pesquisa, mas, ao contrário, é apresentado como alternativa à prática da pesquisa, embora, por algum motivo, ainda se prossiga chamando-o de *mestrado* –, que motivo seria esse? Intrigante pergunta.

No caso do *mestrado interinstitucional*, ele é de fato apresentado como mestrado acadêmico, ou seja, como prática de pesquisa, mas esta prática acaba sendo, no mais das vezes, impossibilitada basicamente por dois fatores: primeiro, o fato de o aluno ter de se adaptar à área geral imposta para a turma, em lugar de poder escolher aquela para a qual é realmente vocacionado; segundo, e muito pior, o fato de estar separado da sede da Instituição promotora e, por isso, estar separado dos instrumentos imprescindíveis para desenvolver a própria pesquisa: museus, bibliotecas, departamentos e institutos da Universidade. Assim, nesses casos de insucesso ou de insuficiência no sucesso apesar de todos nós sabermos que o principal em um mestrado – o acesso aos instrumentos de pesquisa, e não a aulas coletivas de professores visitantes para simples cumprimento de créditos – provavelmente restará impossibilitado, essa modalidade mal-sucedida também será considerada mestrado... Qual será o motivo?

O motivo é aquele que foi explicitado no início, e pela própria Capes: *exigência do mercado de trabalho*, no caso do *mestrado profissionalizante*, e *exigência da LDB*, no caso do *mestrado interinstitucional.*

Mercado de trabalho e LDB, apesar de serem mundos distintos (mas perfeitamente compatíveis), exigem *titulação,* e não *formação.* Ao exigirem isso de forma urgente – sempre em curto prazo e em termos totalmente genéricos –, garantiram para o primeiro deles (ou seja, o mercado) a definição do que é o mestrado, e este tem sido apresentado literalmente como *mercadoria* acessível a quem puder pagar. O mestrado, na propaganda educacional dos últimos anos, tem sido apresentado como mercadoria prontamente acessível a quem puder pagar por ela e como suficiente meio capaz de trazer alívio imediato à inesperada demanda por titulação. Em nenhum momento, o mestrado é apresentado como um percurso de formação de um pesquisador – ao contrário, pega até mal, até assusta o público consumidor; e, em conseqüência, o mestrado original é apresentado agora como "o outro" mestrado, um mestrado "tradicional", antiquado, ineficaz para o mercado de trabalho (ainda que, na verdade, não o seja). E, no interior do mercado de trabalho, a pontuação por meio de um mestrado profissionalizante (que fala a mesma língua do mercado de trabalho, e trabalha a serviço dele) passa a ser maior do que aquela de um mestrado acadêmico ou tradicional (que, além de não se sujeitar a ele, é muitas vezes o seu crítico, e, portanto, o seu adversário, quando não seu inimigo).

Eis o que se tem, assim, quando se dá o nome de *mestrado* a uma pós-graduação *lato sensu*, ou mesmo a uma pós-graduação *stricto sensu* cujos instrumentos essenciais foram retirados: *em vez de elevá-las ao nível do mestrado, o que se dá é o sucateamento da própria idéia de mestrado.* Não penso ser exagero dizer que tudo isso pode ser visto como um movimento em favor da desvalorização do mestrado de formação, *stricto sensu*, de pesquisadores e professores, infelizmente.

Este sucateamento, digamos assim, não parece ter sido visto a tempo pelas comissões encarregadas de discutir e implementar esses programas. Embora ele tenha sido denunciado antes pelos movimentos de defesa da Universidade pública (veja-se os *Escritos sobre a universidade*, de Marilena Chauí, Editora Unesp), tal denúncia mostrou-se inaudível aos órgãos burocráticos, acostumados, por incrível que pareça, a não ouvir o que a própria Universidade tem a dizer em defesa de si mesma. Pode-se, sim, falar em sucateamento do mestrado, porque, quando se permite a criação oficial de cursos de pós-graduação com essa designação, mas sem a prática necessária de pesquisa nem meios adequados de pesquisa, viabiliza-se a realização do desejo maior do mercado de trabalho com relação à Universidade: fazer que ela perca a sua autonomia institucional, científica e intelectual, e que trabalhe sempre a serviço do mercado. A primeira coisa que isso produz, paradoxalmente, é a perda do poder da própria Universidade em formar adequadamente os novos profissionais. Como exemplo, o *mestrado profissionalizante* e o mestrado acadêmico passam a ser burocraticamente tidos como equivalentes, mas mercadologicamente o *mestrado profissionalizante* vale mais do que o mestrado acadêmico; este último passará a ser menos procurado, e, conseqüentemente, a receber menos apoio das Universidades e das agências de financiamento à pesquisa. Com o tempo, simplesmente desaparecerá, talvez.

Tal desaparecimento poderá ocorrer até mesmo com o *mestrado interinstitucional*, a menos que ele supere as deficiências que vem apresentando em vários casos e se alce, em definitivo, ao patamar de mestrado propriamente dito, ou que abandone de vez a falsa proposta de iniciar à pesquisa e converta-se para o formato do mestrado profissionalizante. De qualquer modo, e relativamente ao *mestrado interinstitucional*, uma séria decisão para corrigir o curso deverá ser tomada, em breve espaço de tempo, isso é verdade, para sua correta alocação no ambiente da pós-graduação.

Seja como for, se o *mestrado profissionalizante* continuar valendo como mestrado, o mestrado acadêmico, o mestrado da pesquisa – o mestrado, enfim – desaparecerá. Ao desaparecer, seu lugar será tomado pelo *mestrado profissionalizante*, o que poderá também causar o fim das especializações *lato sensu* (as quais, com a onipresença do mestrado profissionalizante, terão seus objetivos – o simples aprofundamento profissional – cumpridos pela nova modalidade que traz a vantagem de ser uma titulação que vale mais pontos curriculares).

Teremos, assim, graduação primeiro, depois mestrado profissionalizante, e doutorado (que vai ter agora a missão de fazer o que fazia o mestrado: introduzir à pesquisa).

Qual o resultado disso tudo para o mercado de trabalho?

Um resultado excelente em termos econômicos, porque o ensino superior será resumido a uma disputa mercadológica entre empresas privadas que têm em seus cursos uma mina de ouro sem fim – afinal, sempre há clientes para as escolas –, mas, ao mesmo tempo, um resultado desastroso em termos sociais, porque terá desaparecido um direito fundamental, o direito à formação do pesquisador na Universidade pública, e, acima de tudo, terá se enfraquecido, de vez, a comunidade científica e acadêmica brasileira.

Quem ganha com esse enfraquecimento é, mais uma vez, o mercado, porque surgirá uma legião maior ainda de maus autores despejando no mercado editorial livros, apostilas, CDs e equivalentes com rigor científico nulo, plágio recorrente e imbecilização generalizada do seu público. É o preço que se paga quando se quer acabar com o único programa fundamental válido de formação de professores e pesquisadores, o *mestrado* – um programa de pós-graduação sem o qual a estrutura universitária de qualquer país tende a desaparecer.

Definitivamente, penso que não vale a pena. O que vale a pena fazer é outra coisa.

Talvez não seja o caso de se propor o fim dessas duas modalidades inovadoras de *mestrado*. Talvez seja o caso de se impedir que tomem o lugar do mestrado acadêmico. *Em primeiro lugar, tanto o mestrado profissionalizante como o mestrado interinstitucional que não tenha os exatos padrões de qualidade de condução à pesquisa que são encontrados na Instituição promotora deveriam perder essa designação – mestrado – e ser designados por aquilo que são de verdade: especialização* lato sensu.

Esta proposta, portanto – permitam-me insistir –, vale tanto para os programas a que se dá o nome de *mestrado profissionalizante* (afinal, o que se busca é a formação profissional, coisa de que a especialização dá conta perfeitamente e com toda a competência) quanto para os programas a que se chama de *mestrado interinstitucional* (naqueles casos e na medida em que não permitem, verdadeiramente, o acesso à pesquisa e, por isso mesmo, resumem-se também a uma especialização).

Essa correção na sua designação e sua reformatação enquanto pós-graduação *lato sensu* é fundamental para que não se perca a própria pós-graduação *stricto sensu.*

Ninguém duvida de que a tendência atual indique justamente para a proliferação de cursos superiores que queiram atender unicamente ao mercado de trabalho. Tanto melhor: não faltarão clientes às especializações *lato sensu,* que, em termos de pós-graduação, têm uma validade atualizadora e profissionalizante extraordinária.

Quanto ao mestrado – o mestrado mesmo, o mestrado acadêmico – e à pós-graduação *stricto sensu* como um todo, este nicho deveria ser reservado àqueles que realmente se encontram vocacionados para ele: os professores de ensino superior. *Sempre que uma vaga na pós-graduação* stricto sensu *é ocupada por um não-professor ou por um não-pesquisador, a Universidade brasileira se enfraquece e cava mais um pouco a sua própria tumba.*

Tenho consciência de que essa redesignação dos ditos *mestrados profissionalizantes e interinstitucionais* não foi proposta até hoje. Mas espero que a Universidade brasileira valha o suficiente para que todos reconheçam que o mestrado deve manter a sua condição essencial de pós-graduação *stricto sensu,* e que todos também vejam que as necessidades do tão sagrado mercado de trabalho são plenamente atendidas pela pós-graduação *lato sensu.*

Tenho consciência, igualmente, de que um oportuno, imprescindível e urgente *acerto de percurso* para os programas de *mestrado interinstitucional* que não estejam atendendo rigorosamente às exigências do acesso à pesquisa – tudo isso sob uma severa fiscalização dos órgãos educacionais competentes – poderá resgatar esta modalidade de mestrado de sua *crucificação*, deixando-a ocupar o lugar que pode e deve efetivamente ocupar, ao menos nesta transitória fase de adaptação pela qual ainda passa o ensino pós-graduado em nosso País.

Outra questão, portanto, que deve estar na mira de nossas considerações, seria: o que fazer diante da demanda do mercado de trabalho por mestres?

Para responder, encaminho a minha segunda proposta: *deveria ser realizada uma campanha em favor não do mestrado voltado para o mercado de trabalho, mas em favor da especialização* lato sensu, *que cumpre verdadeiramente, e a curto prazo, a demanda do mercado, preserva o direito dos alunos à formação profissional aprofundada e é mais viável tanto econômica quanto regionalmente.* Esta proposta vale também tanto para o *mestrado profissionalizante,* que deve ser redesignado como *especialização lato sensu,* como para o *mestrado interinstitucional* sem pesquisa, que deve ser redesignado como *especialização* lato sensu *interinstitucional.*

Uma proposta assim, na verdade, nada mais é que a retomada de uma campanha que as Instituições de Ensino Superior sempre mantiveram, em especial as Instituições privadas. Diante da tradicional restrição de acesso à pós-graduação *stricto sensu,* bem como da onipresente demanda do mercado, as especializações foram se proliferando como instrumento ágil na busca de um diferencial na formação profissional. Tal proliferação sempre foi facilitada em decorrência da possibilidade de toda Instituição de Ensino Superior poder habilitar-se à promoção deste tipo de curso, ao contrário do que acontece com cursos *stricto sensu,* que só podem ser desenvolvidos em Universidades e Centros Universitários, prioritariamente.

Muitos institutos foram formados exclusivamente para a promoção deste tipo de curso – caso muito marcante na área de Direito, em que há institutos especializados em áreas jurídicas específicas – e sempre tiveram, como feliz resultado, o aprimoramento profissional de todos os seus ingressantes, assim como o despertar em muitos ex-alunos do interesse em sempre fazer novos cursos (um ideal muito bem-vindo de formação constante do profissional, que graças a isto está sempre atualizado), e mesmo, em alguns deles, revelar a vocação para também realizar cursos em nível *strito sensu* (nos quais o objetivo, todavia, é bem diferente, como se viu, determinado não pelo mercado de trabalho, mas pelo interesse intelectual do pesquisador).

Não há justificativa racional para que o mercado de trabalho exija mais que a especialização *lato sensu* em termos de formação. Mesmo a exigência de formação *stricto sensu* perde sentido para as exigências e necessidades do mercado, já que, se o mercado de trabalho passar a exigir um professor para seus quadros empresariais, isso vai significar, a um só tempo, o desperdício de um profissional dedicado integralmente à empresa e – o que é pior – vai "seqüestrar" da Universidade um professor em potencial ou já em atividade.

Cada Instituição deve estar no seu lugar, assim como cada profissional. É claro que o professor torna-se mais completo na medida em que é profissional em contato ou com presença no mercado; mas esse contato não deve acarretar uma vida dupla, e, principalmente, não se deve ver no professor com dedicação exclusiva à Universidade um profissional anacrônico (afinal, ele já é um *profissional* dedicado ao magistério) nem um profissional alienado (ao contrário: da Universidade, ele pensa e debate com o resto da sociedade – coisa que poucos dos que estão presos na torre de marfim do mercado de trabalho conseguem compreender).

Até aqui, *duas propostas*:

a) retirar do *mestrado profissionalizante* e do *mestrado interinstitucional sem conveniente e eficaz acesso à pesquisa* o nome *mestrado*; e

b) incrementar a campanha em favor da revitalização da especialização *lato sensu*.

6. À GUISA DE ARREMATE, MAS NÃO DE CONCLUSÃO OU ENCERRAMENTO: A *ARMADILHA* DO MESTRADO PROFISSIONALIZANTE

Mas será que essas duas propostas dão cabo das necessidades que geraram os projetos de *mestrado profissionalizante* e *mestrado interinstitucional*?

É certo que não – tanto que minhas propostas pedem, de certa forma, que retornemos à situação anterior à implementação dessas duas novidades. É preciso, assim, voltar às intenções destas e verificar o que há por trás delas, o que é possível ou viável atender, e de que maneira, sem que se perca a posição e o papel da Universidade, principalmente da Universidade pública.

O *mestrado profissionalizante* foi proposto para dar acesso à titulação de mestre sem a necessidade de se fazer pesquisa. Embora já existam turmas formadas por meio do mestrado profissionalizante (por exemplo, em engenharia e em matemática), *ainda não houve sequer a implementação do mestrado profissionalizante em Direito.* Minha proposta (e sempre me manifestei neste sentido, enquanto fui membro *ad hoc* do Comitê de Direito da Capes) é de que ele não seja implementado. Não vejo a necessidade desta implementação, na área de Direito, apesar de já ter havido uma ampla discussão em favor da *flexibilização* do mestrado em Direito. Além disso – e como vejo para qualquer área uma verdadeira armadilha na sua implementação –, considero que o mestrado profissionalizante não devesse ser implementado em área alguma.

Mas, no que diz respeito ao Direito, a armadilha *do mestrado profissionalizante* seria a seguinte, em mim despertada pelas afirmações a seguir:

> Uma incursão na área do Direito oferece um bom exemplo das incoerências geradas pela rigidez e uniformidade que fundamentam a concepção da carreira docente do ensino superior brasileiro. Há justificativas de votos, sentenças, acórdãos, de membros do STF e dos Tribunais Superiores, de desembargadores, de procuradores, defesas de advogados eméritos, de importância equivalente a dissertações e teses. Ante tal fato, é de se indagar: por que não podemos ter programas de formação profissional em Direito em que esses profissionais de competência inconteste atuem na formação de advogados, promotores, juízes, mesmo sem terem o doutorado acadêmico? Vamos sinalizar na direção dessa possibilidade, ou vamos permanecer determinando que somente o doutorado acadêmico qualifica para a docência em um curso de Direito? Exemplos semelhantes podem ser dados nas mais diversas áreas.[4]

O que temos aqui é a idéia de que tudo o que se pode fazer em termos de pós-graduação no Direito resume-se a uma abordagem técnica: para que doutores em Direito se bastam "doutores advogados"?

Estas são palavras da versão preliminar do relatório Capes elaborado por uma comissão constituída para propor as regras dessa nova modalidade de mestrado. É um relatório razoavelmente extenso, que, de forma alguma, apresentou pela primeira vez a idéia de um *mestrado profissionalizante* (ao contrário, ele

---

[4] Relatório Capes – *A necessidade de desenvolvimento da pós-graduação profissional e o ajustamento do Sistema de Avaliação às características desse segmento*, de 13 de dezembro de 2001.

já estava sendo praticado em projetos experimentais), mas vinha apresentar, isto sim, as linhas gerais para a sua implementação em escala nacional, paralelamente ao mestrado tradicional ou acadêmico. É um relatório, portanto, que falava a um público de colegas no interior da Capes que já sabia do que se tratava o mestrado profissionalizante, que se mostrava mais simpático à idéia de implementá-lo, mas que ainda estava a posto para discutir as condições, em cada área, para tanto.

Apresentado esse relatório em dezembro de 2001, foi analisado pelas várias comissões de área da Capes no mês seguinte. Estas comissões eram e são formadas por professores com experiência na pós-graduação *stricto sensu* – que conhecem muito bem, portanto, as necessidades desta modalidade de pós-graduação e não deixariam passar quaisquer riscos contra o seu perfeito desenvolvimento. Uma das comissões da Capes, como se sabe, é a da área de Direito, que analisou aquele documento em 28 e 29 de janeiro de 2002. De imediato, esta comissão enviou ao presidente da Capes *parecer contrário* àquele relatório, apontando diversas impropriedades e notando, com especial alarme, o trecho do relatório que mencionei anteriormente.

O parecer da comissão, assinado por Fernando Facury Scaff (professor da UFPA e presidente do Comitê de Direito da Capes), apresentou uma firme defesa da cientificidade dos estudos de pós-graduação *stricto sensu* em Direito. Embora tenha denunciado em especial aquele parágrafo, serviu para revelar os perigos por trás de toda a proposta do mestrado profissionalizante.

Valeria a pena ler – e, na medida do necessário, rebater – ponto por ponto o relatório original da Capes, em sua íntegra. Não há espaço ou tempo para fazer isso aqui, embora o assunto realmente merecesse uma monografia específica. De minha parte, contudo, deixo-lhes registrada a minha posição, perfeitamente alinhada com as considerações e críticas feitas pelo nosso colega Fernando Facury Scaff, na denúncia dos erros do relatório com a proposta do mestrado profissionalizante. Além disso, deixo a recomendação de leitura, não apenas do relatório original da Capes, mas também do parecer referido, assinado pelo professor Fernando Facury Scaff. Integro ambos os documentos como anexos a este meu pronunciamento de hoje. E disponibilizo-me para, em outra circunstância, se desejarem, discutirmos juntos os principais pontos controversos, em um e em outro documento.

7. ANEXO

Capes – A necessidade de desenvolvimento da pós-graduação profissional e o ajustamento do Sistema de Avaliação às características desse segmento

1. Versão preliminar – 13.12.2001

A estratégia do Governo brasileiro para o desenvolvimento de nossa pós-graduação expressou-se, sobretudo nas décadas de 60 e 70, na decisão de investir maciçamente na formação dos profissionais com maior poder "multiplicador" – os professores do ensino superior – para garantir a formação dos quadros de docentes e pesquisadores essenciais para a expansão do próprio sistema e para a promoção da pesquisa científica e tecnológica no País.

Em parte devido a essa estratégia, a pós-graduação nacional, desde sua implantação, visou essencialmente ao atendimento das necessidades do mercado acadêmico, isto é, à formação do pesquisador independente, capaz de gerar conhecimento científico e novas tecnologias. Dentro dessa perspectiva, mesmo na fase em que os esforços se concentravam no aumento de nossa competência de formar mestres, a referência e grande meta da política de desenvolvimento da pós-graduação nacional foi a expansão e consolidação de cursos de *doutorado acadêmico* – nível em que se consubstancia o ideal da formação do pesquisador.

Refletindo essa realidade, o Sistema de Avaliação da Pós-graduação da Capes foi concebido e estruturado para aferir o desempenho de programas e cursos voltados para a formação acadêmica, orientando-se, portanto, por parâmetros, critérios, indicadores e tipo de enfoque ajustados a tal propósito. A competência adquirida pela Capes na avaliação da pós-graduação nacional foi, em conseqüência, calcada na realidade de programas e cursos vocacionados para a formação acadêmica.

2. Exigências de diferenciação de nossa pós-graduação

A partir principalmente do início da década passada, quando eram evidentes os indicadores do êxito de nossa pós-graduação na oferta de cursos acadêmicos, fatores relacionados com as profundas transformações observadas em nossa sociedade – expansão e diferenciação do sistema produtivo e da estrutura de empregos, utilização de alta tecnologia pelos diferentes setores produtivos, contínua elevação dos requisitos educacionais para o exercício de determinadas profissões (títulos de mestrado ou de doutorado passaram a ser exigidos para funções antes exercidas por graduados), globalização da economia, necessidade de contínua e rápida modernização dos sistemas de produção, extrema competitividade nos mercados de produtos e serviços... – alimentaram a crescente demanda por profissionais com perfil de qualificação altamente especializada e não voltada para a pesquisa. Tais profissionais não poderiam, certamente, ser formados como subprodutos de cursos vocacionados para a qualificação acadêmico-científica.

Confirmando esse fato, os resultados das avaliações realizadas pela Capes demonstravam a ocorrência de distorções na caracterização e funcionamento de nossa pós-graduação:

- apesar de tradicionalmente identificada como acadêmica, na prática, nossa pós-graduação oferece, desde a criação dos primeiros programas desse nível de ensino, cursos com orientação tipicamente profissional;
- há áreas do conhecimento em que, pela sua natureza ou especificidades, prevalece a orientação para o oferecimento de formação essencialmente profissional, e não acadêmica, como formalmente assumido;
- há áreas do conhecimento em que a qualidade do desempenho de programas é seriamente comprometida pela ambivalência resultante do fato de tentarem atender, em um mesmo curso, duas ordens de necessidades distintas e contraditórias: capacitar cientistas para a carreira de pesquisa e capacitar profissionais para o exercício de funções não-acadêmicas altamente especializadas (essa contradição foi, aliás, apontada por comissão internacional de consultores como um dos grandes obstáculos ao desenvolvimento da pós-graduação brasileira em algumas áreas);
- parte significativa dos abandonos de cursos de mestrado e doutorado após a obtenção dos créditos das disciplinas curriculares – fato que onera os programas e todo o sistema de pós-graduação – deve-se a alunos vocacionados para atividades profissionais que têm frustradas suas expectativas de qualificação para um segmento do mercado de trabalho em que a habilitação desejada não se relaciona com a elaboração de dissertações e teses de natureza acadêmica.

Ante essa realidade, é forçoso reconhecer que a pós-graduação brasileira deve abranger duas vertentes de formação igualmente importantes para o desenvolvimento do País:

- a *acadêmica* – cujo propósito, formar pesquisadores, se consubstancia na oferta do doutorado. Nessa vertente, cabe ao mestrado o papel de curso propedêutico, justificável nos casos em que essa etapa preparatória se revela necessária, face ao estágio de desenvolvimento da área de conhecimento no País ou em determinada região geográfica, ou para a superação de deficiências observadas na formação anterior dos alunos; e
- a *profissional* – cujo objetivo é a formação de profissionais capacitados para o desempenho de funções outras que não a pesquisa acadêmica, mediante a oferta de cursos voltados para a aplicação, em um campo profissional definido, de conhecimentos e métodos científicos atualizados. O mestrado, neste caso, tem o caráter de curso terminal para a obtenção da habilitação pretendida.

No contexto de uma pós-graduação assim diferenciada, o papel de cada programa dependeria de sua vocação ou opção: dedicar-se exclusivamente à formação acadêmica; oferecer cursos acadêmicos e profissionais; oferecer apenas cursos profissionais.

Ainda sobre o processo de diferenciação da pós-graduação brasileira, é importante esclarecer que o instrumento normativo que orientou a estruturação desse nível de ensino no País – o Parecer 977/65, do Conselheiro Newton Sucupira, do então Conselho Federal de Educação – não apenas admitia, mas até mesmo estimulava, a criação de cursos com orientação profissional. A evolução desse componente de nosso sistema educacional foi, porém, como antes destacado, diferente do que o referido Parecer permitia prever: imprimimos a esse nível de ensino uma espécie de rótulo acadêmico, que prevaleceu inclusive nas subáreas que, pela sua natureza, não poderiam adotar, pelo menos exclusivamente, tal orientação.

3. Os ajustes do Sistema de Avaliação da Capes

No que tange à esfera das atribuições da Capes, o ajustamento dos procedimentos de avaliação a uma realidade em que os cursos orientados para a formação profissional eram formalmente reconhecidos e incentivados deu-se progressivamente, de forma mais incisiva, pelas seguintes manifestações ou regulamentos:

- discussão pelo Conselho Superior, em 1995, da necessidade de a pós-graduação brasileira se diversificar para atender às novas demandas de nossa sociedade e definição de providências voltadas para esse objetivo;
- Portaria n. 47, de 17.10.1995, que determina a implantação pela Capes de procedimentos apropriados à recomendação, acompanhamento e avaliação de cursos de mestrado orientados para a formação de caráter profissional;
- Portaria n. 80, de 16.12.1998, que estabelece pressupostos e procedimentos para a recomendação, acompanhamento e avaliação de cursos de mestrado profissional;
- aprovação pelo CTC, em 15.09.1999, de pressupostos e parâmetros para a avaliação de propostas de mestrado profissional;
- resolução do Conselho Superior, em 12.11.2001, aprovando as idéias básicas contidas neste documento sobre o ajustamento do Sistema de Avaliação às necessidades de desenvolvimento da pós-graduação.

Sob a égide dessas novas orientações, verificou-se o crescimento anual do número de propostas de cursos de mestrado profissional aprovadas pela Capes: 4 em 1997; 6 em 1998; 24 em 1999; 22 em 2000. Em 2001, foram aprovadas 16 propostas no primeiro semestre, e, neste segundo semestre, estão sendo avaliadas 47 novas propostas.

Entretanto, apesar dessa expansão e da observância de alguns progressos na identificação do papel e importância desses cursos, são muitos os indicadores de que as medidas adotadas foram insuficientes para alavancar o desenvolvimento desse segmento de nossa pós-graduação. Face a isto, a Capes reconhece ser urgente a implantação das condições que viabilizem a consecução desse objetivo.

4. Obstáculos a serem superados pela Capes

Não há dúvida de que, como ocorreu na expansão e consolidação dos cursos acadêmicos, cabe à avaliação da Capes desempenhar um papel de crucial importância para que o desenvolvimento da vertente profissional de nossa pós-graduação se efetive no ritmo esperado e segundo os padrões de qualidade exigidos desse nível de ensino. O êxito da Capes em relação a este novo desafio depende, contudo, de que sejam superadas duas ordens de obstáculos: os problemas relativos à forma como é realizada a avaliação das propostas de cursos profissionais e as resistências de parte da comunidade acadêmica a essa diferenciação de nossa pós-graduação.

4.1 Problemas relativos à forma como a Capes realiza a avaliação:

- Deficiências no conhecimento das características, necessidades e perspectivas de desenvolvimento dos cursos de mestrado profissional no País. A falta de informações adequadas sobre os cursos em funcionamento e falhas observadas no acompanhamento e avaliação dessas iniciativas pela Capes – conforme é a seguir destacado – dificultam a promoção de análises e debates criteriosos sobre o desenvolvimento desse segmento de nossa pós-graduação, o que é imprescindível para a fundamentação de políticas bem-sucedidas voltadas para esse propósito.
- *Inadequação das informações coletadas pela CAPES sobre a caracterização das propostas e condições de funcionamento dos cursos profissionais.* As informações solicitadas para a inscrição de propostas no SNPG (as mesmas adotadas para os cursos acadêmicos) não sinalizam para a importância de serem apresentados aspectos básicos da concepção de cursos profissionais: perfil do profissional a ser formado; clientela ou tipo de empresas ou organizações que poderão acolher os egressos dos cursos; como se processa a articulação entre formação básica sólida, domínio de metodologia científica atualizada e a obtenção da habilitação profissional pretendida... Da mesma forma, os dados coletados não permitem a adequada caracterização da produção intelectual de caráter não-acadêmico (essencial para demonstrar a qualificação dos docentes para as disciplinas relativas a práticas profissionalizantes) e não incluem referências sobre outros aspectos que ajudam a demonstrar o potencial do curso (esquemas de intercâmbio do programa com o setor produtivo a ser beneficiado; fontes de financiamento da iniciativa; infra-estrutura adequada para as práticas profissionais previstas...).

- *Vinculação da avaliação do mestrado profissional à avaliação da pós-graduação acadêmica.* Todo o processo de avaliação da Capes é orientado por parâmetros, critérios e enfoques próprios para a análise do desempenho e produtividade de programas voltados exclusivamente para a pesquisa científica e formação de pesquisadores. Essa prática, além de impedir que sejam consideradas as especificidades dos cursos profissionais, reduz esse segmento de nossa pós-graduação à condição de atividade secundária e marginal dos programas desse nível de ensino – o que não se coaduna com a dimensão e relevância a ser assumida por esse componente do sistema educacional brasileiro.

4.2 Inquietações de parte da comunidade acadêmica sobre o papel do mestrado profissional:

- *Receio de que a nova modalidade de cursos venha a ser orientada por padrões de qualidade menos rigorosos do que os tradicionalmente exigidos dos cursos acadêmicos* – constituindo-se em uma pós-graduação de "segunda categoria". A esse respeito, é importante frisar, as duas modalidades de cursos estão sujeitas à mesma legislação que rege a autorização, reconhecimento e renovação de reconhecimento de cursos e devem apresentar padrões de qualidade equivalentes. Assegurar que essa exigência seja atendida por todos os nossos programas de pós-graduação é o grande desafio e principal compromisso da Capes e de seu quadro de consultores.
- *Receio de que o crescimento dessa nova vertente da pós-graduação venha a se contrapor ao desenvolvimento da formação acadêmica* – acarretando a redução dos investimentos governamentais nesta realizados. Contra esse tipo de inquietação há que se considerar que os mesmos fatores econômicos e sociais que impõem o desenvolvimento do mestrado profissional também reforçam o papel da Ciência e Tecnologia como base de todo e qualquer projeto de desenvolvimento do País – o que forçosamente implica a valorização da pós-graduação acadêmica, que é a responsável pela formação dos pesquisadores, daqueles que geram o conhecimento científico e tecnológico. Neste contexto, não há outra saída para o Governo brasileiro: nossa pós-graduação tem que se capacitar para atender aos dois segmentos da demanda por recursos humanos

de alto nível, sob pena de se inviabilizar o desenvolvimento do País. Por outro lado, há que se considerar que, enquanto o segmento acadêmico depende, no Brasil, fundamentalmente de investimentos governamentais, o segmento profissional, pela sua ligação com necessidades imediatas de setores industriais, comerciais e de serviços, tende a atrair outras fontes de financiamento, e, em muitos campos, a se autofinanciar.

- *Receio de que os títulos referentes a cursos profissionais sejam aceitos para o ingresso e ascensão na carreira docente, notadamente do ensino superior* – e, neste caso, serem considerados para o cumprimento das exigências da LDB sobre qualificação docente. A intensidade desse receio varia de acordo com a fonte da demanda a ser atendida pela nova modalidade de cursos. Poucos, por exemplo, contestam a importância e necessidade da pós-graduação profissional para a formação de pessoal para atuarem em diferentes setores da economia. Da mesma forma, é cada vez maior a aceitação da contribuição que os mestrados profissionais podem dar para a solução dos problemas que afetam nossos sistemas de ensino fundamental e médio, desde que tais cursos atendam a altos padrões de produção técnica e científica e adotem mecanismos e critérios de avaliação condizentes com seus objetivos.

Na verdade, o que gera veementes reações contra o reconhecimento oficial da diferenciação de nossa pós-graduação é a possibilidade de a oferta do novo perfil de cursos vir a repercutir na estruturação da carreira docente do ensino superior que, no Brasil, fundamenta-se no princípio de que todos os integrantes dessa carreira devem ser habilitados para a pesquisa acadêmica e dedicar-se ao desenvolvimento dessa atividade. Em relação a este foco principal de reações adversas à implantação de mestrados profissionais, são necessários alguns comentários adicionais.

Em primeiro lugar, há que se considerar que não compete à Capes se posicionar sobre matérias do âmbito da autonomia universitária. São as universidades que devem definir que títulos e que tipo de formação admitirão em seus concursos para a carreira docente. Algumas poderão aceitar o título de mestrado profissional; outras poderão não o aceitar, ou aceitá-lo apenas para algumas áreas ou disciplinas. O edital de cada concurso é que estipulará as exigências da instituição para o processo seletivo em questão.

Em segundo lugar, vale observar que mesmo nos países mais desenvolvidos apenas uma fração das instituições de ensino superior são caracterizadas como de ensino e pesquisa. No Brasil, não é grande o percentual de instituições que têm suas atividades e cursos respaldados no ideal de tornar efetiva essa associação.

Além disso, é importante ressaltar que os currículos do ensino superior incluem disciplinas e práticas essencialmente profissionais. Nestes casos, é de se perguntar: o magistério dessas disciplinas ou a orientação dessas práticas só devem caber a pesquisadores acadêmicos? O profissional habilitado em um curso de pós-graduação profissional e com desempenho destacado em seu campo de atividade não teria uma contribuição relevante a dar na formação de alunos em áreas vinculadas a esta prática? Não seria admissível que, para o magistério de algumas dessas disciplinas, uma instituição fixasse como requisito exatamente o título correspondente à pós-graduação profissional?

Uma incursão na área do Direito oferece um bom exemplo das incoerências geradas pela rigidez e uniformidade que fundamentam a concepção da carreira docente do ensino superior brasileiro. Há justificativas de votos, sentenças, acórdãos, de membros do STF e dos Tribunais Superiores, de desembargadores, de procuradores, defesas de advogados eméritos, de importância equivalente a dissertações e teses. Ante tal fato, é de se indagar: por que não podemos ter programas de formação profissional em Direito em que esses profissionais de competência inconteste atuem na formação de advogados, promotores, juízes, mesmo sem terem o doutorado acadêmico? Vamos sinalizar na direção dessa possibilidade, ou vamos permanecer determinando que somente o doutorado acadêmico qualifica para a docência em um curso de Direito? Exemplos semelhantes podem ser dados nas mais diversas áreas.

Por fim, não se pode desconhecer que a dimensão mais dramática da qualificação docente no País ocorre fora das universidades, nas instituições isoladas – que atendem a bem mais da metade dos alunos desse nível de ensino. Tais instituições não se orientam e, muito provavelmente, jamais se orientarão para a pesquisa acadêmica; não possuem e, muito provavelmente, jamais virão a possuir as condições e mecanismos indispensáveis para o desenvolvimento dessa atividade. Em síntese, a contratação de egressos de mestrados profissionais por instituições vocacionadas para a formação profissional ajudaria muito, bem mais do que se insistirmos na fantasia de lhes impor a contratação de acadêmicos, qualificados e vocacionados para a realização de pesquisa, para ministrar disciplinas de caráter não coerente com seus interesses e habilitação profissional.

5. Ajustamento do Sistema de Avaliação da Capes à necessidade de promoção do pleno desenvolvimento da vertente profissional da pós-graduação brasileira

Considerados os aspectos anteriormente destacados, é indispensável que a Capes promova, com urgência, o ajustamento do processo de avaliação dos cursos profissionais: só assim ela poderá contribuir mais efetivamente para que esse segmento de nossa pós-graduação venha a atender às demandas do País. Para assegurar o adequado planejamento e execução das providências relativas a esse propósito, a Capes decidiu estabelecer apenas algumas diretrizes bem amplas para o trabalho a ser realizado e instituir um mecanismo especial de coordenação da avaliação desse segmento da pós-graduação: a concepção de orientações e providências mais específicas, ajustadas à realidade de cada área ou subárea do segmento, ficará a cargo de um comitê coordenador, como a seguir especificado.

5.1 Diretrizes:

- a oferta de curso acadêmico não se constitui em requisito para a oferta de cursos de mestrado profissional: os programas podem se dedicar exclusivamente à formação acadêmica, podem manter cursos acadêmicos e profissionais, ou podem se concentrar apenas na manutenção de cursos profissionais;
- o *mestrado acadêmico* e o *mestrado profissional,* embora cumpram propostas diferenciadas de habilitação profissional, asseguram formação de igual nível e qualidade;
- a composição do quadro docente dos programas deve ser coerente com as propostas e currículos dos cursos por estes oferecidos: disciplinas acadêmicas devem ser ministradas por pesquisadores de alta qualificação e produtividade, enquanto disciplinas correspondentes a práticas profissionais devem ficar a cargo de profissionais com reconhecida com-

petência no exercício regular de atividades que abranjam o domínio de tais práticas;

- a concepção e estrutura dos cursos devem expressar respostas adequadas às características e necessidades especiais de suas clientelas, no que se refere, por exemplo, à promoção de iniciativas voltadas para programas de educação continuada; à fixação de calendários e horários passíveis de serem cumpridos por alunos que não possam se licenciar de seus empregos; à devida exploração das oportunidades de "treinamento em serviço" e ao adequado planejamento e supervisão dos estágios a serem realizados pelos alunos;
- as comissões formadas pela Capes para a avaliação de programas ou cursos profissionais deverão incluir, além de consultores acadêmicos, profissionais – pesquisadores ou não – com reconhecido desempenho no segmento do mercado de trabalho atendido pelo curso.

5.2 Coordenação das atividades de acompanhamento, avaliação e desenvolvimento da pós-graduação profissional

O segmento profissional da pós-graduação, devido às peculiaridades da demanda a que deve atender e do tipo de formação que deve propiciar – capacitando os alunos para aplicarem conhecimentos, tecnologias e resultados científicos atualizados à solução de problemas em áreas específicas de atuação profissional –, não pode ser submetido a um modelo único de estruturação: um nível razoável de flexibilidade na concepção e forma de condução dos cursos terá que ser forçosamente respeitado, não sendo aconselhável nem mesmo definir-se previamente setores ou campos de atividades a serem atendidos.

Nesse contexto, o grande desafio da Capes na condução do processo de avaliação e de definição de políticas de desenvolvimento do segmento profissional de nossa pós-graduação expressa-se na necessidade de que venha a conciliar as exigências de flexibilidade, próprias dessa modalidade de cursos, com a necessidade de preservação do padrão de qualidade correspondente a esse nível de ensino. Isso requer alto nível de coordenação das atividades relacionadas com a avaliação desses cursos e decisões fundamentadas no conhecimento das necessidades e perspectivas de desenvolvimento desse segmento – objetivos que a Capes deseja atingir com a criação de um *Comitê Coordenador da Avaliação da Pós-Graduação Profissional*, com as seguintes características:

Composição – 7 membros:

- 4 pesquisadores de áreas do conhecimento relacionadas com os grandes campos de formação profissional, um dos quais, obrigatoriamente, com atuação acadêmica voltada para a formação de professores para o ensino fundamental, médio ou superior;
- 3 profissionais não-acadêmicos – empresários, industriais... – com destacado desempenho em seu campo de atividade e com condições de ajudar a Capes a conhecer e interpretar as novas exigências do mercado de trabalho em relação ao segmento profissional da formação pós-graduada e a avaliar a adequação da formação assegurada pelos cursos em funcionamento.

Representação junto ao Conselho Técnico e Científico – CTC:

- 2 membros do Comitê passarão a integrar o CTC, oferecendo subsídios para as análises e decisões deste colegiado sobre a pós-graduação profissional.

Principais atribuições do Comitê:

- promover estudos sobre a situação e perspectivas de desenvolvimento dessa modalidade de cursos e apresentar à Capes propostas de políticas voltadas para o pleno desenvolvimento dessa vertente de nossa pós-graduação;
- face ao caráter inovador e mesmo experimental de muitas iniciativas, acompanhar, sistematicamente, a evolução dos cursos profissionais, buscando contribuir para a solução dos problemas identificados e para a consolidação de tais cursos;
- estabelecer parâmetros, critérios, indicadores, instrumentos de coleta de dados... ajustados à natureza e realidade de cursos de mestrado profissional;
- coordenar o processo de avaliação dos cursos profissionais com a colaboração de consultores *ad hoc* (acadêmicos e não-acadêmicos com ampla e destacada experiência no campo da habilitação pretendida);

- apresentar ao CTC e às instituições de ensino pareceres circunstanciados sobre as propostas e o desempenho de cursos profissionais;
- discutir com as instituições de ensino questões relacionadas com as demandas nacionais de formação profissionalizante e a criação e funcionamento de cursos de pós-graduação que atendam a essa demanda segundo padrões de qualidade requeridos.

Parecer do Comitê de Direito sobre o Relatório Capes de 13.12.2001

Brasília, 29 de janeiro de 2002.

Ao Excelentíssimo Presidente da Capes

Abílio Baeta Neves

Senhor Presidente,

O Comitê da Área de Direito, reunido em Brasília nos dias 28 e 29 de janeiro de 2002, examinando o documento *Capes – A necessidade de desenvolvimento da pós-graduação profissional e o ajustamento do sistema de avaliação às características desse segmento*, em sua Versão Preliminar, datada de 13.12.2001, vem demonstrar sua profunda preocupação e perplexidade com os termos da proposta sugerida, que contém incontáveis imprecisões em sua formulação, no que se refere à área do Direito, especialmente na seguinte passagem:

> *Uma incursão na área do Direito oferece um bom exemplo das incoerências geradas pela rigidez e uniformidade que fundamentam a concepção da carreira docente do ensino superior brasileiro. Há justificativas de votos, sentenças, acórdãos, de membros do STF e dos Tribunais Superiores, de Desembargadores, de Procuradores, defesas de Advogados eméritos, de importância equivalente a dissertações e teses. Ante tal fato é de se indagar: por que não podemos ter programas de formação profissional em Direito em que esses profissionais de competência inconteste atuem na formação de advogados, promotores, juízes, mesmo sem terem o Doutorado Acadêmico? Vamos sinalizar na direção dessa possibilidade, ou vamos permanecer determinando que somente o Doutorado Acadêmico qualifica para a docência em um curso de Direito?*

Esta passagem demonstra um ideário e uma perspectiva da educação em Direito que não podem ser aceitas pela comunidade acadêmico-jurídica em face de incontáveis razões, algumas das quais seguem abaixo listadas:

1. O parágrafo acima desconsidera o caráter científico do Direito, tratando-o como singela técnica de aplicação de normas, relegando a último plano todo um esforço teórico de filósofos, constitucionalistas e vários outros estudiosos do Direito, do nível de Jürgen Habermas, Ronald Dworkin, Hans-Georg Gadamer, Robert Alexy, dentre vários outros, para não adentrar na doutrina brasileira, que é igualmente qualificada e vasta. A especificidade do jurídico não pode ser tratada como uma ferramenta ou mera racionalidade instrumental.
2. Os cursos de pós-graduação no Brasil têm alcançado alto grau de sofisticação teórica. Os esforços da *Academia* para dar à *Prática* do Direito uma fundamentação teórica, vinculada aos princípios fundamentais que regem a ordem jurídica, tais como liberdade, igualdade, democracia, direitos humanos etc., cairão por terra caso vingue a proposta ora sob exame. Seria a vitória do praticismo sobre a reflexão crítica do Direito, colocando-nos na contramão da tendência dos países ocidentais.
3. Além do que acima foi exposto, há uma absurda confusão entre as diversas carreiras jurídicas. Os cursos de Direito habilitam bacharéis, que deverão se submeter a exames corporativos para ingresso nas várias carreiras, tais como advocacia, magistratura e ministério público, para citar apenas algumas. O magistério jurídico é composto de uma carreira que apenas se inicia com o bacharelado, seguindo pelos níveis de mestrado e doutorado. Logo, equiparar sentenças, petições e pareceres com dissertações e teses é fazer tábula rasa da reflexão científica, o que é absolutamente inaceitável. Seria o mesmo que equiparar um professor titular de uma IES com um ministro de tribunal superior, permitindo àquele que venha a proferir sentenças.
4. Este ponto nos leva a uma análise jurídico-positiva da proposta efetuada, uma vez que, segundo o art. 45 da Lei de Diretrizes e Bases da Educação (Lei n. 9.394), a educação superior somente pode ser ministrada em Instituições de Ensino Superior – IES, não podendo sê-lo, a contrário senso, por outro tipo de instituição, tal como Associação de Magistrados. Tal fato nos leva a perqüirir também sobre a legalidade da proposta tal como formulada.

5. Ademais, a criação de um Comitê próprio para avaliação das propostas de Mestrado Profissionalizante acabará por ocasionar uma deficiência na análise dos projetos, pois nem todas as áreas nele estarão representadas. E mesmo que representantes da Área do Direito venham a compor tal Comitê, ele será uma excrescência dentro do sistema Capes, que é composto por Comitês de Área, e não por Comitês para distintos níveis e sistemas de ensino.
6. Por fim, vale referir que a Área do Direito possui normas próprias para análise dos projetos de mestrado profissionalizante, que foram debatidas junto com a comunidade acadêmica em *workshop* realizado na sede da Capes, em 01.02.2000, estabelecendo os requisitos para sua aprovação. Aliás, recentemente, em novembro de 2001, em Florianópolis, o CONPEDI – Conselho Nacional de Pesquisa e Pós-Graduação em Direito – decidiu que tais critérios deveriam ser mantidos integralmente.
7. Desta forma, a proposta visa singelamente a ampliação do número de docentes, confundindo carreiras jurídicas com graus acadêmicos, e o paradoxo que se estabelece é que o objeto da investigação científica, que é a prestação jurisdicional (onde estão incluídos os Tribunais), colocará juízes, advogados e promotores como sujeitos ativos na relação de ensino, transformando-os de objeto de análise em seus principais analistas. A formação profissional destes operadores do Direito, combinada com sua formação acadêmica, é, via de regra, muito bem-vinda, pois reforça a reflexão; o singelo fato de sua formação profissional não-acadêmica não o habilita para exercer a profissão do magistério, e nem a desenvolver pesquisas.

Em face de tudo que acima foi exposto, entende o Comitê de Direito que a proposta apresentada é incabível, pois existem centenas de estudos e pesquisas em andamento, vários dos quais financiados por Instituições Públicas e Privadas, discutindo o problema da efetividade da Justiça, a qualificação do ensino jurídico e a crise da prestação jurisdicional, que deverão ser resolvidas através de soluções qualitativas, e não singelamente quantitativas. Em nenhuma das propostas em debate se menciona como solução a adoção de mestrados profissionalizantes. Tal proposta poderá acabar com todo o esforço que vem sendo desenvolvido há gerações para a qualificação docente do Direito, nos níveis de graduação e pós-graduação.

É oportuno também mencionar que a pós-graduação em Direito *stricto sensu* tem merecido esforços inestimáveis por parte das instituições, da comunidade acadêmico-científica e dos próprios órgãos de fomento para atender a uma demanda legítima de formação qualificada de docentes em Direito. A própria Capes tem tido papel fundamental neste movimento, fomentando a adoção de critérios estimuladores desta qualidade, como incentivo à pesquisa, produção e intercâmbio docentes.

Por tudo que acima foi exposto, a proposta contida no documento *Capes – A necessidade de desenvolvimento da pós-graduação profissional e o ajustamento do sistema de avaliação às características desse segmento,* em sua Versão Preliminar, datada de 13.12.2001, merece o repúdio do Comitê da Área do Direito na Capes.

Certos que nossa indignação repercutirá na análise do projeto proposto, subscrevemo-nos.

Atenciosamente,

Fernando Facury Scaff
Professor da UFPA.
Presidente do Comitê de Direito da CAPES.

PARTE II

Redação, revisão, normalização e publicação

Ada Santos Seles
Roseli Carlos Pinto
Rosemeire Carlos Pinto

1
Modalidades de produção de conteúdo acadêmico-científico

A produção do conhecimento acadêmico-científico é feita por meio de pesquisa rígida, organizada e de maneira cuidadosa, criteriosa. Conforme preleciona Kerlinger,[1] a pesquisa é sistemática, empírica e crítica, o que se aplica tanto aos estudos quantitativos, qualitativos como aos mistos.

Cabe esclarecer que

> Ser "sistemática" implica que há uma disciplina para fazer pesquisa científica e que os fatos não são deixados à causalidade. Ser "empírica" denota que os dados são coletados e analisados. Ser "crítica" significa que está sendo avaliada e melhorada constantemente. Pode ser mais ou menos controlada, mais ou menos flexível ou aberta, mais ou menos estruturada, em particular do enfoque qualitativo, mas nunca caótica e sem método.[2]

O ato de pesquisar exige criatividade, organização, clareza e envolvimento. E não é possível criar, refletir, sem envolvimento. O trabalho de pesquisa consiste em um processo integrado, contínuo, que cada pesquisador deve adequar a seu estilo, porque não há uma única maneira de fazê-lo. Mas há alguns momentos que consistem em requisitos básicos a serem seguidos por todos, independentemente do tipo de pesquisa, do tema e/ou da área objeto de estudo.

No que tange à área de humanas, como é o caso da jurídica, os estudos acadêmicos empregam a **metodologia de pesquisa** ou **metodologia científica**. Trata-se de procedimentos metodológicos constituídos por "um conjunto de

---

1 KERLINGER, F. N.; PEDHAZUR, E. J. Investigación del comportamiento: métodos de investigación en ciencias sociales. In: SAMPIERI, R. H.; COLLADO, C. F.; LUCIO, P. B. *Metodologia de pesquisa*. Tradução da 3. ed. em espanhol. São Paulo: McGraw-Hill, 2006. p. XXI.

2 SAMPIERI; COLLADO; LUCIO, op. cit., p. XXIV.

instrumentos a ser utilizado na investigação e que tem por finalidade **encontrar o caminho** mais racional para atingir os objetivos propostos, de maneira mais rápida e melhor"[3] (sem grifos no original).

Encontrado o caminho, é preciso definir o **método**, ou seja, um novo "caminho a ser seguido a fim de que as metas sejam atingidas".[4]

Ao realizar o trabalho de pesquisa, o orientando obterá maior êxito em sua indagação, inquirição e/ou investigação tanto quanto mais adequada for a metodologia adotada. Na área jurídica, deve-se, na escolha do tema, atentar para os vários enfoques teóricos ao passar em revista, de forma seletiva, a literatura existente, ou seja, identificando, obtendo e consultando a bibliografia disponível. Como as leis, em especial as brasileiras, são alvo de mudanças constantes, é preciso ater-se a esse aspecto, revendo, além das publicações teóricas, publicações legislativas atualizadas a fim de não correr o risco de produzir um estudo obsoleto.

Das diversas modalidades de produções científicas em que a metodologia de pesquisa é aplicada, merecem destaque os textos acadêmico-científicos de monografias, trabalhos de conclusão de curso (TCCs), dissertações e teses. Apenas para situar o leitor, são apresentadas, a seguir, as definições dessas modalidades.

- **Monografia:** "Item não seriado, isto é, item completo, constituído de uma só parte, ou que se pretende completar em um número preestabelecido de partes separadas".[5]

A monografia descreve determinada matéria de forma exaustiva, abordando aspectos científicos, históricos, técnicos, econômicos, artísticos etc.

- **Trabalho de Conclusão de Curso (TCC):**

> Documento que representa o resultado de estudo, devendo expressar conhecimento do assunto escolhido, que deve ser obrigatoriamente emanado da disciplina, módulo, estudo independente, curso, programa e outros ministrados. Deve ser feito sob a coordenação de um orientador.[6]

---

3 BIANCHI, A. C. de M.; ALVARENGA, M.; BIANCHI, R. *Manual de orientação*: estágio supervisionado. 3. ed. São Paulo: Thomson Learning, 2003. p. 27.

4 Id., loc. cit.

5 ASSOCIAÇÃO BRASILEIRA DE NORMAS TÉCNICAS. *NBR 6023*: informação e documentação – referências – elaboração. Rio de Janeiro, ago. 2002. p. 2.

6 Id., *NBR 14724*: informação e documentação – trabalhos acadêmicos – apresentação. 2. ed. Rio de Janeiro, 2005. p. 3.

O TCC é, portanto, espécie de trabalho acadêmico individual, de caráter teórico ou aplicado, consistindo em atividade curricular de natureza obrigatória para a colação de grau.

- Dissertação:

  Documento que representa o resultado de um trabalho experimental ou exposição de um estudo científico retrospectivo, de tema único e bem delimitado em sua extensão, com o objetivo de reunir, analisar e interpretar informações. Deve evidenciar o conhecimento de literatura existente sobre o assunto e a capacidade de sistematização do candidato. É feito sob a orientação de um pesquisador (doutor), visando a obtenção do título de mestre.[7]

- Tese:

  Documento que representa o resultado de um trabalho experimental ou exposição de tema único e bem delimitado. Deve ser elaborado com base em investigação original, constituindo-se em real contribuição para a especialidade em questão. É feito sob a coordenação de um orientador (doutor) e visa a obtenção do título de doutor, ou similar.[8]

Todo estudo nas modalidades aqui apresentadas compõe-se, em regra, das seguintes etapas: introdução/justificativa, desenvolvimento (revisão da literatura/discussão teórica) e conclusão (apresentação/discussão dos resultados com base nos dados analisados). Ver Capítulo 4 – Normalização.

No caso de teses e dissertações, em geral deve-se fazer a indicação prévia de três pesquisadores qualificados a fim de que a instituição escolha um deles para o acompanhamento e orientação do desenvolvimento do estudo. No que tange a monografias e TCCs, algumas instituições consideram satisfatório apenas o trabalho escrito, sem exigir sua apresentação a uma banca examinadora.

Antes da defesa da tese ou dissertação, o orientando deve entregar ao Departamento responsável alguns exemplares da obra, cujo número depende das exigências de cada instituição. Ver item 4.8 Encadernação/Depósito.

Este livro trata das modalidades dissertação e tese, mas as orientações nele contidas subsidiam o trabalho de preparação e redação de qualquer modalidade de estudo.

---

7 ASSOCIAÇÃO BRASILEIRA DE NORMAS TÉCNICAS. *NBR 14724*: informação e documentação – trabalhos acadêmicos – apresentação. 2. ed. Rio de Janeiro, 2005. p. 2.

8 Ibid., p. 3.

2
Redação de texto acadêmico-científico

2.1 PLANEJAMENTO E ORGANIZAÇÃO DE ORIGINAIS

Definido o tema, aprovado o projeto e realizada a escolha do professor-orientador, tem início o momento dos primeiros atos de preparação propriamente dita do trabalho acadêmico-científico, seja ele uma tese, uma dissertação ou qualquer outra modalidade referida neste livro.

O planejamento, tão comum no dia-a-dia de toda empresa bem-sucedida, também deve fazer parte da estratégia do orientando durante todo o processo de produção do conhecimento. Planejar encurta distâncias, otimiza a pesquisa, a coleta, a leitura e releitura e, por fim, a redação. Planejar contribui para a melhoria do fluxo de informações e de idéias.

Os dados levantados na pesquisa de campo ou, no caso da área jurídica, mais comumente mediante a revisão da literatura, vão permitir ao orientando fazer um esboço daquilo que mais tarde dará corpo à redação do conteúdo agregado e sistematizado.

Antes de iniciar a escrita, é preciso colocar no papel – ou no computador – as idéias que jorram de forma desordenada (*brainstorm*), concatenando-as com as informações anotadas em fichas no decorrer da pesquisa. Para facilitar a consulta, essas fichas devem ser numeradas de maneira cuidadosa e identificadas por assunto, sempre com a identificação da fonte de onde os dados foram extraídos.

Hoje, com a popularização dos computadores e *notebooks*, as anotações podem ser feitas diretamente em arquivo, dentro de uma subpasta do trabalho com a identificação de **coleta de dados**, por exemplo. Esse procedimento agiliza a busca no momento em que se necessita da informação e facilita o copiar e colar, além de permitir inserir comentários por meio do menu do Word **Controlar**

alterações, explicado adiante. Para usar esse recurso, o orientando deve ser muito organizado porque uma bagunça informatizada, além de acarretar maior perda de tempo, decerto produzirá uma catástrofe em termos de confiabilidade das informações.

Outro cuidado a ser tomado é fazer o *backup* dos arquivos e/ou enviá-los com freqüência para o e-mail do próprio orientando, conforme sejam atualizados. Isso evita o extravio de informações. Procedimento semelhante deve ser adotado no decorrer da escrita propriamente dita. Mas é preciso vigilância, deletando do e-mail sempre o arquivo anterior, pois, conforme salientado, a bagunça eletrônica tende a ser incontornável.

A anotação dessas informações deverá ser feita de forma atenciosa, o que implica atentar para a grafia de nomes e a inserção de aspas em trechos copiados literalmente, os quais devem ser acompanhados dos respectivos dados da obra (autor, título, página, editora, edição, ano, volume, número etc.). Esses dados serão utilizados em etapa posterior para referenciar a citação no corpo do texto, no rodapé ou no item Referências, sempre de acordo com as especificações contidas nas normas da instituição e/ou da Associação Brasileira de Normas Técnicas (ABNT). A esse respeito, consultar o item 4.7 – Referências.

Depois de tomadas as anotações, deve-se fazer o cotejo imediato com o texto original, o que, no jargão técnico, denomina-se **recensão**. O mesmo cuidado deve ser observado na reprodução de textos de dispositivos legais, anotando de acordo com a técnica legislativa o número da lei, decreto ou regulamentação, dentre outras modalidades, bem como seu respectivo artigo, parágrafo, inciso e alínea.

A atenção dispensada durante o processo de anotação das informações evita que se tenha de recorrer novamente ao original consultado, que, muitas vezes, foi tomado emprestado da biblioteca ou de um amigo ou familiar e, portanto, estando na fase final dos trabalhos, terá grande probabilidade de já ter sido devolvido. E, mesmo que se encontre em poder do orientando, ele terá de despender um tempo que poderia ser dedicado à tarefa de releitura e aperfeiçoamento do texto final.

Se houve a fase de planejamento e ordenação das etapas, será possível garantir maior eficiência e eficácia ao processo de transformação dos dados coletados em texto e assegurar a produção final do conhecimento em consonância com as expectativas do projeto acadêmico elaborado.

Por isso, ao decidir ingressar em um curso de Mestrado ou Doutorado, o orientando deve, de início, planejar o caminho a ser percorrido desde a pesquisa, coleta de dados, elaboração do texto até a apresentação do trabalho à banca. Mas, para que esse conhecimento seja referenciado pela instituição ao qual ele será apresentado e ultrapasse fronteiras, transformando-se, muitas vezes, em livro, é preciso que ele tenha, de fato, um diferencial. Portanto, independentemente da contribuição do conteúdo a ser produzido e difundido, cuidar de alguns aspectos da produção do conhecimento constitui tarefa de relevância.

O processo de produção do conteúdo científico exige disciplina, organização e foco no que se deseja comunicar e na forma que se escolheu para comunicar a fim de que o resultado obtido seja um texto que prime pela excelência e qualidade.

É preciso pôr em comum entendimento o autor do texto e o seu leitor. Ou seja, o autor deve ser capaz de alcançar seu objetivo de transmitir o conhecimento acumulado e processado. Isso só será possível se o leitor conseguir alcançar o objetivo esperado com a leitura: entender e processar as informações recebidas. Faz-se necessário, pois, definir critérios, pensar de maneira global e detalhada os aspectos do texto a ser produzido.

Um texto bem-escrito predispõe a banca examinadora, assim como os demais leitores, a lê-lo com mais interesse e, sem dúvida, a considerá-lo com envolvimento e prazer, independentemente dos pontos de vista nele abordados.

A qualidade do texto acadêmico-científico está na coerência de sua argumentação, na riqueza e fidedignidade do conhecimento pesquisado e trazido à discussão e não na concordância da banca com os pontos de vista apresentados.

É preciso, portanto, cuidar de pequenos detalhes ante e pós-escrita, que se ignorados poderão tomar uma proporção descomunal, com danos incomensuráveis para o orientando e, por conseqüência, para a produção acadêmico-científica. E isso diz respeito tanto ao conteúdo quanto à forma, pois, como na publicidade, de nada adianta uma boa embalagem se o produto tem defeitos técnicos, assim como um produto de qualidade técnica, mas com uma péssima embalagem, pode inviabilizar a estratégia de despertar o interesse do público-alvo.

2.2 ESTILO DE TEXTO E CREDIBILIDADE

É cediço que o texto produzido em uma tese ou dissertação se destina, em primeira instância, a um público interno altamente crítico e exigente: a banca examinadora. Mas também é preciso considerar que na ponta, e de forma permanente, há os demais leitores, igualmente exigentes, na qualidade de receptores ávidos por encontrar mais uma fonte de pesquisa que contribua para o embasamento das argumentações de seus estudos.

O conhecimento produzido que atingiu o resultado do esforço empreendido para manter a excelência e a qualidade não deve, pois, ter como destino o simples armazenamento nas prateleiras de uma sala da instituição, cujo fim em si mesmo representa, quase sempre, relegar a produção científica ao ostracismo. Quase sempre, porque hoje, com a Internet, algumas instituições disponibilizam virtualmente os trabalhos daqueles orientandos que as autorizam a assim proceder, além dos bancos de teses disponíveis em sites.

Esse conhecimento produzido de forma seletiva merece ser disseminado ao maior número de pessoas possível, por constituir uma fonte inesgotável de renovação, em círculo virtuoso. Mas para que o conhecimento renovado não corra o risco de ser deturpado no processo de reescrita, é necessário que cada um dos responsáveis por sua reelaboração vigie cada etapa não só de coleta de dados como de sua apresentação, quer transformando-o em texto, quer representando-o por meio de gráficos, tabelas ou outro recurso disponível.

O cuidado com a redação do texto deve levar em consideração a necessidade do rigor peculiar ao texto científico sem deixar de privilegiar sua clareza, leveza, coerência e coesão. Ser claro não significa que se deva resvalar para a pobreza de vocabulário, assim como produzir com excelência e qualidade não significa ignorar a linguagem científica, o jargão técnico inerente à área objeto de estudo. Significa, sim, que se deve cultuar, cultivar a norma culta. Consultar a gramática da língua portuguesa, por exemplo, faz parte da estratégia de reverência à Língua pátria.

Redigir com clareza significa, ainda, apresentar as idéias de forma concatenada, ordenando sujeito, verbo e complemento de forma precisa, objetiva – sem rebuscamentos, sem frases truncadas ou pensamentos incompletos e evitando problemas de pontuação. Isso pode ser feito por meio de frases nem tão curtas que não se possa completar o raciocínio, nem tão longas a ponto de se perdê-lo. Deve-se escrever sem prolixidade, mas repetindo trechos/palavras quando necessário para reforçar conceitos e aclarar pensamentos, ao mesmo tempo em que se cuida para apresentar um vocabulário rico.

Como nos textos jornalísticos e ao contrário dos textos publicitários, deve-se evitar o uso exagerado de adjetivos em textos científicos. Eles implicam juízo de valor e, em excesso, tiram a credibilidade das idéias expressas. Já os advérbios terminados em **mente** devem, sempre que possível, ser substituídos por outras palavras ou expressões. Evitam-se também os vícios de linguagem e o uso contínuo de termos e/ou expressões que não tenham cunho técnico.

No que tange à terminologia técnica, é preciso cuidar para que ela seja empregada de forma correta. É muito comum o aluno ouvir ao longo do curso certos termos/expressões e depois reproduzi-los sem o domínio de seu real significado. Deve-se antes pesquisar o sentido correto, atentando para o contexto no qual se deseja empregar determinada terminologia. Recomenda-se, no caso de termos jurídicos, recorrer a um dicionário especializado na área em vez de utilizar dicionários comuns da língua portuguesa.

Atentar para a grafia de nomes próprios, como os de autores citados, e de palavras estrangeiras – na área jurídica, em especial as de origem latina – também contribui para a qualidade da informação produzida e, portanto, do texto.

Ao pesquisar qualquer assunto na Internet, deve-se verificar a credibilidade do site em que a informação se encontra disponível. Conforme salientado, uma informação equivocada, em especial em um texto científico, produz um dano incomensurável tanto para a imagem/credibilidade do orientando como para a produção acadêmico-científica.

Considerando a natureza de trabalho científico do texto de uma tese ou dissertação, o orientando deverá ter predefinido o estilo do discurso a ser adotado.

É muito comum o orientando ignorar a existência de normas e diretrizes, mas, em regra, a instituição à qual o trabalho será apresentado fornece esse tipo de documento, o qual costuma conter informações a respeito do estilo. No caso de dúvida, o orientador deve ser consultado.

Plural de modéstia, impessoal ou na primeira pessoa do singular?

O discurso impessoal deve ser priorizado por conferir mais credibilidade ao trabalho de natureza científica. Recomenda-se redigir na terceira pessoa do singular. O importante é que, definido o estilo, mantenha-se a uniformidade, o padrão do texto. Nunca empregar a primeira pessoa do singular nessa modalidade de texto porque transmite a sensação de prepotência por parte do autor do texto. A atenção à conjugação verbal constitui, portanto, tarefa de suma importância.

Preocupação similar também se deve ter para não se valer de afirmações pautadas em expressões eivadas de subjetividade. Condenam-se as construções como **acho que, acredito que, parece que, tenho a impressão que,**

conjecturo que. Ao contrário, são corretas construções como **entende-se que, considera-se que**.

Para evitar surpresas que impliquem perda de tempo, é fundamental informar-se logo no início dos trabalhos a respeito da existência de documento contendo as normas e diretrizes mencionadas e iniciar o texto já no padrão adequado. Nesse tipo de documento, muitas vezes há orientação a respeito da padronização visual do trabalho. Quando não houver, recomenda-se, no que concerne ao aspecto de formatação do texto, seguir a norma da ABNT (NBR 14740), instrumento objeto de estudo do Capítulo 4 – Normalização.

Tomadas as precauções salientadas até aqui, os esforços na etapa de revisão propriamente dita do texto serão bastante minimizados.

No que tange ao discurso, cabe lembrar que é preciso ter muito cuidado com o aspecto ético ao discordar de outros estudiosos, em especial quando o orientando se referir a pessoas que ainda atuam na área. Deve-se apresentar a discordância sem empregar palavras que possam denegrir e/ou ofender o estudioso cujo ponto de vista é objeto de questionamento. Há sempre uma forma polida de expressar uma discordância. Deve-se sempre se colocar do outro lado do discurso e avaliar se receber uma crítica no tom adotado vai fazê-lo sentir-se desconfortável não com a crítica em si, mas com a forma como ela foi expressa.

2.3 DESTAQUES NO TEXTO

Deve-se evitar o excesso de *itálicos* ou de **negritos** no decorrer do texto, bem como o uso simultâneo desse tipo de destaque para palavras da língua portuguesa. É recomendável definir o uso de itálico para palavras estrangeiras e o de negrito para palavras do português. Jamais se deve usar o recurso de sublinhar o texto quando for possível aplicar o itálico ou negrito – e sempre o é, à exceção de reprodução de citações de texto que já se encontravam sublinhadas e, portanto, devem ser colocadas entre aspas. O recurso de sublinhar era comum na época da datilografia, em que não havia computadores ou a máquina *composer*.

Ao reproduzir um trecho ou texto na íntegra, jamais se deve deixar de colocá-lo entre aspas, indicando a fonte (autor, página e ano), sempre de acordo com o padrão de citação no texto adotado (ver item 4.4 que trata da NBR 10520/2002 – citação).

Deve-se evitar a reprodução de trechos muito longos. É possível desdobrar o pensamento a ser reproduzido, entremeando citação e interpretação do pensamento do(s) autor(es) citado(s). Para reproduções na íntegra, observar o disposto na Lei n. 9.610, de 19 de fevereiro de 1998, que trata de direitos autorais.

3
O processo de revisão

3.1 REVISÃO: PROCESSO CONTÍNUO

O processo de revisão deve permear todas as etapas de redação do texto a fim de que, após completado o trabalho de escrita, seja possível realizar a revisão propriamente dita. Revisar significa reler, rever, reexaminar e consertar os termos/trechos que após a redação final ainda apresentem problemas de ortografia, gramatical ou até mesmo de conteúdo. Essa etapa exige bastante atenção. É preciso desprendimento e autocrítica por parte do orientando. Ao chegar nessa fase, a revisão, pelo menos parcial, terá sido feita pelo orientador, caso ele de fato acompanhe passo a passo o trabalho sob sua coordenação. Mas é certo que o orientador terá priorizado a observância do conteúdo, indicando apenas um ou outro erro gramatical ou ortográfico.

A elaboração de um trabalho científico constitui empreendimento altamente rentável em termos intelectuais, portanto, é importante não economizar esforços para aprimorá-lo. O texto produzido deve passar por pelo menos três etapas de revisão: a do orientando, a do orientador (em geral parcial) e a de um profissional da área de texto.

A tarefa de revisão por parte do orientando deve ser precedida pela escolha das ferramentas que irão subsidiar o processo de produção desde a escrita até a releitura do texto já formatado. Há bons dicionários de sinônimos e antônimos. Adquirir um dicionário em latim – ou pesquisar os termos em sites confiáveis – é um investimento tão necessário na área jurídica quanto o de valer-se de um dicionário de língua portuguesa. Devem-se esgotar todos os recursos disponíveis para assegurar a qualidade da informação disponibilizada ao leitor.

Nessa fase, é fundamental verificar a padronização de estilos de letra: corpo (tamanho), fonte, destaques no texto, normas de citação e de notas de rodapé, referências, siglas, numeração dos capítulos, títulos e subtítulos (ou itens e subitens) etc., sempre atento às especificações fornecidas pela instituição, quando houver.

Após fazer todas as checagens e considerando que o texto foi de fato finalizado, que as incorporações sugeridas pelo orientador já foram feitas, pode-se tomar mais uma precaução para assegurar a qualidade do texto: a revisão com o corretor ortográfico e, por fim, a revisão por um profissional contratado. O orientando só compreenderá por que a revisão é um processo contínuo do início ao fim da produção do texto quando receber de volta o texto com as intervenções de um profissional desvinculado "emocionalmente" do conteúdo produzido.

3.2 REVISÃO ELETRÔNICA: FERRAMENTAS AUXILIARES DO WORD

Para fazer a revisão com o corretor ortográfico, deve-se ir ao menu **Ferramentas** (Figura 3.1), clicar na janela **Ortografia e gramática** (Figura 3.2) e em seguida aparecerá a primeira sugestão de troca de termo. Clica-se em **Ignorar uma vez** (Figura 3.3). Com essa ação, o corretor indicará em vermelho as palavras consideradas grafadas de forma errada e, em verde, os trechos em que ele entende haver erros de concordância/construção. São alertas que se devem observar, mas nem sempre o trecho indicado em verde ou o termo em vermelho contêm erros. Às vezes, o dicionário do programa não reconhece o trecho indicado, o mesmo ocorrendo com relação a algumas palavras.

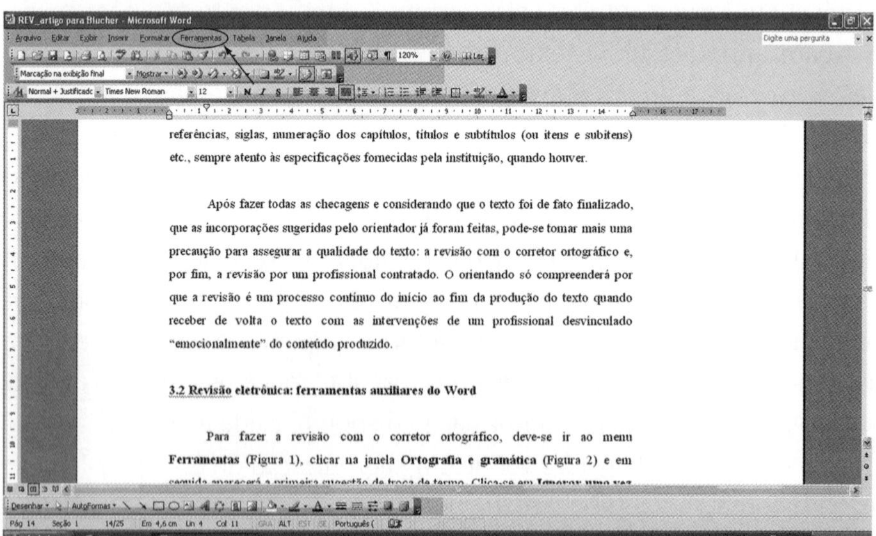

Figura 3.1 – Clique no menu **Ferramentas**.

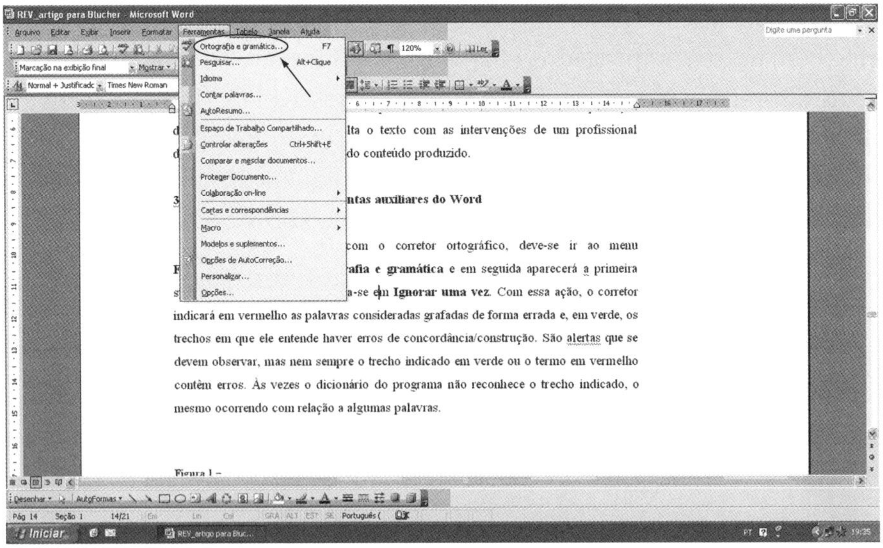

Figura 3.2 – Clique no menu **Ortografia e gramática**.

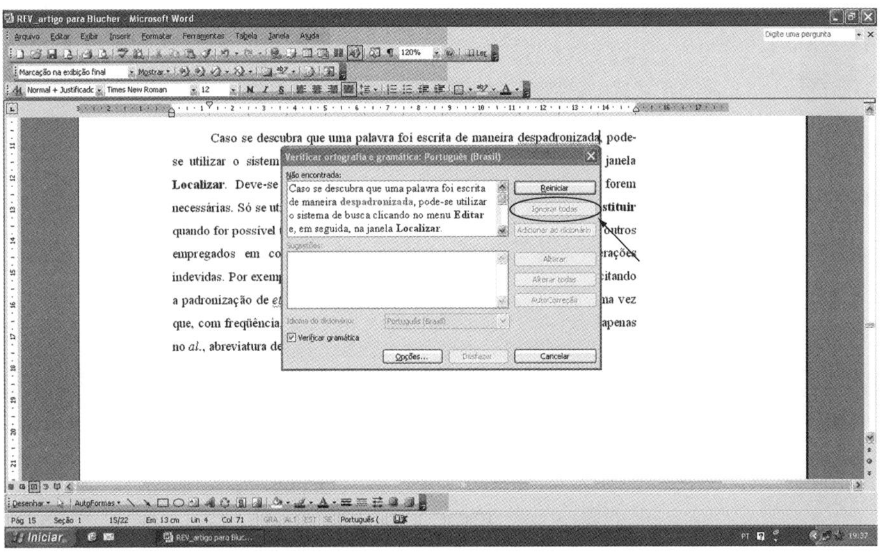

Figura 3.3 – Clique no menu **Ignorar todas** para acionar o corretor.

Caso se descubra que uma palavra foi escrita de maneira despadronizada, pode-se utilizar o sistema de busca clicando no menu **Editar** (Figura 3.4) e, em seguida, na janela **Localizar** (Figura 3.5). Deve-se fazer a busca e a troca por palavra tantas vezes quantas forem necessárias clicando na janela **Substituir** (Figura 3.6). Só se utiliza o recurso de busca e troca geral por meio da janela **Substituir tudo**

(Figura 3.6) quando for possível ter a certeza de que o programa não confundirá o termo com outros empregados em contextos diferentes. Deve-se evitar correr riscos de alterações indevidas. Por exemplo, é possível dar busca e fazer substituição automática solicitando a padronização de *et. al.* para *et al.* (expressão latina que significa **e outros**), uma vez que, com freqüência, comete-se o equívoco de colocar o ponto no *et* em vez de apenas no *al.*, abreviatura de *alii*.

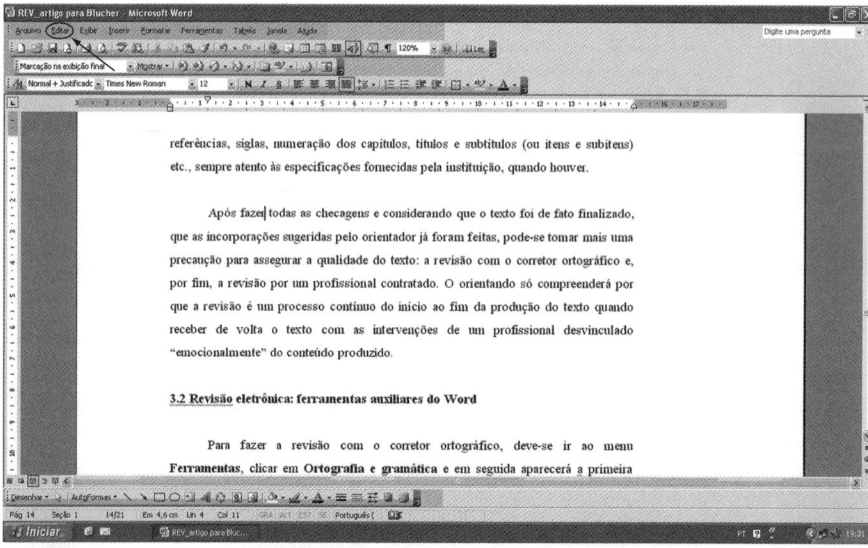

Figura 3.4 – Clique no menu **Editar**.

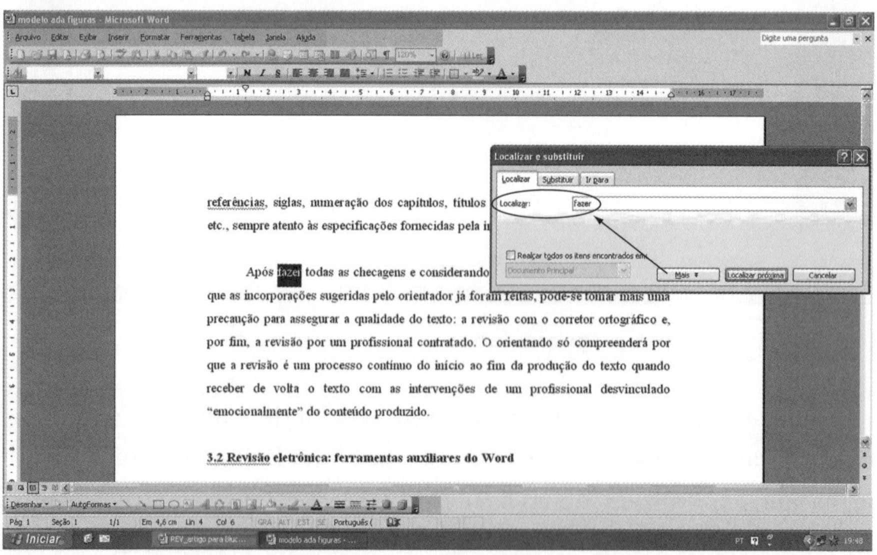

Figura 3.5 – Clique no menu **Localizar**.

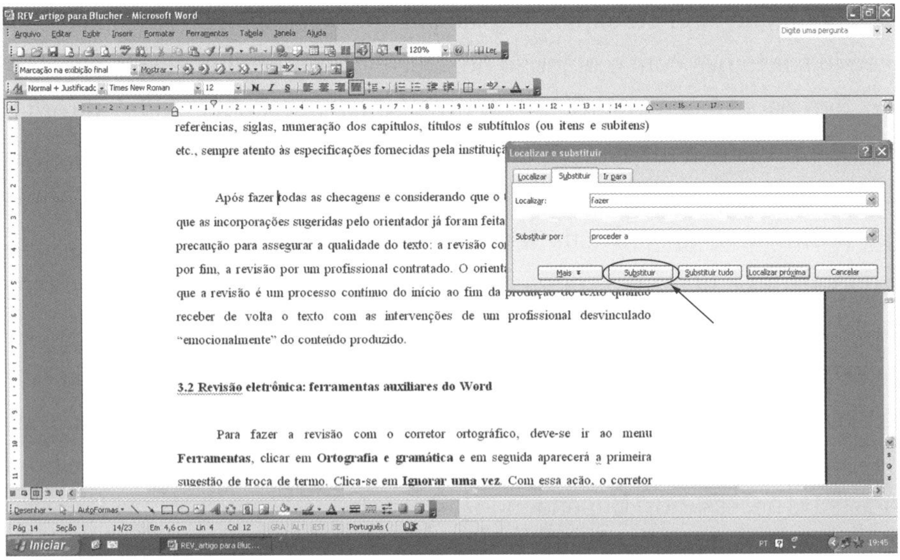

Figura 3.6 – Clique no menu **Substituir**.

Também é possível facilitar o trabalho final tomando-se o cuidado de, desde o início, ao digitar o texto, evitar a despadronização não apenas visual e de espaços das entrelinhas e entre as palavras, como também de grafia de termos e da técnica de indicação/reprodução de legislação.

As ferramentas do Word também podem ser utilizadas para estabelecer o diálogo entre o orientando e o orientador e, adiante, entre o orientando e o profissional da área de texto. Basta acionar, no menu **Ferramentas**, a janela **Controlar alterações** e, no campo **Comentários** que aparecerá no lado direito da tela, podem-se escrever textos que não serão incorporados ao conteúdo do trabalho. Basta que, ao finalizá-lo, proceda-se à operação de **excluir comentários**. Essa e outras operações do recurso **Controlar alterações** podem ser examinadas no item 3.3 a seguir. Caso não se tenha prática, é preciso treinar em outro texto antes de iniciar as intervenções no trabalho.

3.3 REVISÃO FINAL

Conforme assinalado, o processo de produção de um texto é bastante trabalhoso e envolve várias etapas. Ainda que sejam seguidas todas as recomendações feitas até aqui, para assegurar a qualidade de um texto acadêmico-científico é preciso investir um pouco mais.

O orientador, em princípio, deve acompanhar cada etapa do trabalho, lendo e fazendo sugestões com o objetivo de aperfeiçoar a produção sob sua coordenação. Seu papel é semelhante ao do profissional que no mercado editorial denomina-se revisor técnico. Trata-se, pois, de um profissional especializado no conteúdo do tema abordado e, ainda que tenha excelentes conhecimentos da língua portuguesa, decerto sua leitura não garantirá que ele aponte todas as impropriedades e descuidos porventura existentes, em especial no que tange à gramática e padronização visual.

Recomenda-se que, depois de finalizada a redação e de certificar-se que nada mais será incorporado ao texto, seja contratado um profissional especializado na área de correção de texto, cuja incumbência será reler o trabalho e fazer os ajustes finais necessários. Dependendo da qualidade do texto produzido, a revisão pode ser um pouco mais profunda e, nesse caso, denomina-se copidesque.

No copidesque, o profissional contratado faz adequação de estilo, observando a construção seqüencial e lógica das idéias e das argumentações, reformula a estrutura das frases e parágrafos, a conjugação verbal, a concordância nominal e sana os vícios de linguagem, ao mesmo tempo em que atenta para a padronização da normalização do texto de acordo com as diretrizes da instituição e/ou da ABNT.

Para que esse trabalho seja feito sem atropelos, resultando em solução e não em mais um problema, é preciso que, além de escolher bem o profissional, o orientando esteja disposto a conceder-lhe certa liberdade de interferência na estrutura do texto, quando aperfeiçoá-lo seja imprescindível para o bom entendimento do conteúdo nele expresso.

Se necessário, definir os limites de interferência do revisor ou copidesque. Em geral, eles serão estabelecidos pela própria dinâmica do trabalho. Adotar o critério de que o primeiro texto corrigido pelo revisor ou copidesque seja devolvido de imediato para apreciação e comentários do orientando é a melhor forma de assegurar-se de que os limites não serão ultrapassados. Ou seja, os limites dependerão das necessidades de correção que o texto apresente para tornar-se inteligível e sem problemas de gramática e de ortografia.

Em razão da peculiaridade da área jurídica, com muito jargão técnico, é recomendável procurar profissional habituado a lidar com esse tipo de texto. Não precisa ser um profissional com formação jurídica; basta que ele tenha certa intimidade com a terminologia da área. O investimento justifica-se, em razão das peças que os textos em geral costumam pregar. Monteiro Lobato corrobora essa assertiva ao escrever que:

> A luta contra o erro tipográfico tem algo de homérico.
> Durante a revisão os erros se escondem,
> fazem-se positivamente invisíveis.
> Mas assim que o livro sai, tornam-se visibilíssimos,
> verdadeiros sacis vermelhos
> a nos botar a língua em todas as páginas.
> Trata-se de um mistério que a ciência não
> conseguiu decifrar...[1]

No caso de erros cometidos por algum(ns) do(s) autor(es) cujo texto foi citado, o orientando não deve alterá-los. A reprodução é feita da forma como se encontrem na obra referenciada, tomando-se apenas o cuidado de colocar as aspas na citação e de, ao final do trecho, inserir, entre parênteses, o termo de origem latina *sic*, que significa **tal qual, assim mesmo**.

As intervenções do revisor ou copidesque devem ser feitas com o auxílio do recurso **Controlar alterações** (Figura 3.7) acionado a fim de que elas sejam visíveis ao orientando (Figura 3.8), que deverá checá-las uma a uma. Na eventualidade de constatar intervenções inadequadas ou que gerem dúvidas, ele deve esclarecê-las com o profissional responsável pelas correções antes de proceder aos aceites e rejeições (os recursos de aceite e rejeição estão disponíveis na janela **Controlar alterações** que, quando acionada, torna-os visíveis por meio de ícones, ao lado da janela **Mostrar**. É aconselhável que o próprio revisor ou copidesque faça os aceites, depois de receber o trabalho com os comentários (Figura 3.9) finais do orientando. O orientando deve evitar fazer inserções no arquivo já com aceite (Figuras 3.10, 3.11 e 3.12). Caso seja necessário fazê-lo, o revisor ou copidesque deve ser informado para que ele possa verificar se não há novos erros. As novas inserções devem, portanto, também ser feitas com o recurso marcas de revisão para serem visíveis. Se não forem muitas – e nessa etapa já não deveria ser –, as páginas também deverão ser informadas a fim de evitar que todo o arquivo seja manuseado novamente.

---

[1] TESTA, Lígia A. Bem-me-quer, malmequer... *Informativo da Sociedade Entomológica do Brasil*, ano 29, v. 29, n. 2, ago. 2004. Disponível em: <http://www.seb.org.br/informativo/pdf/2004N002.pdt>. Acesso em: 18 ago. 2008.

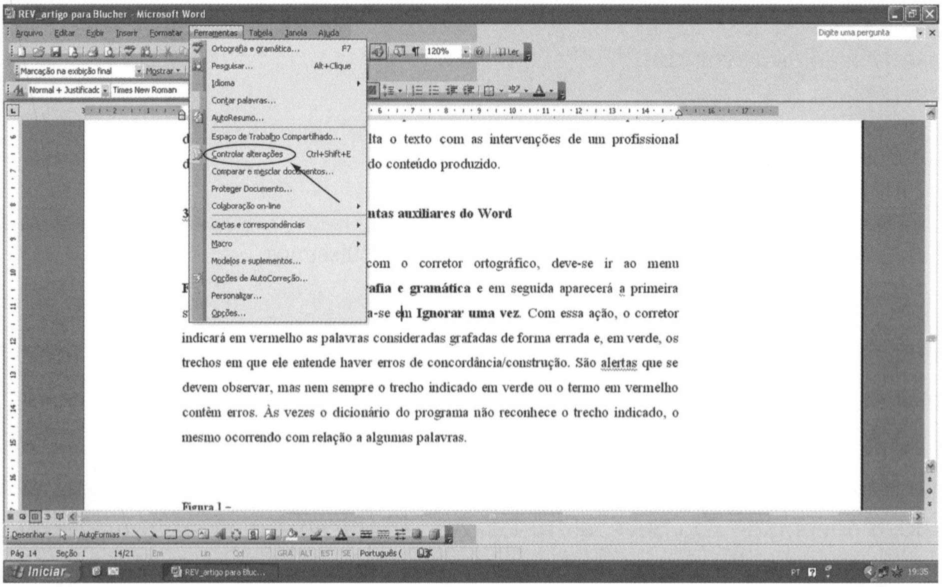

Figura 3.7 – Clique na janela **Controlar alterações**.

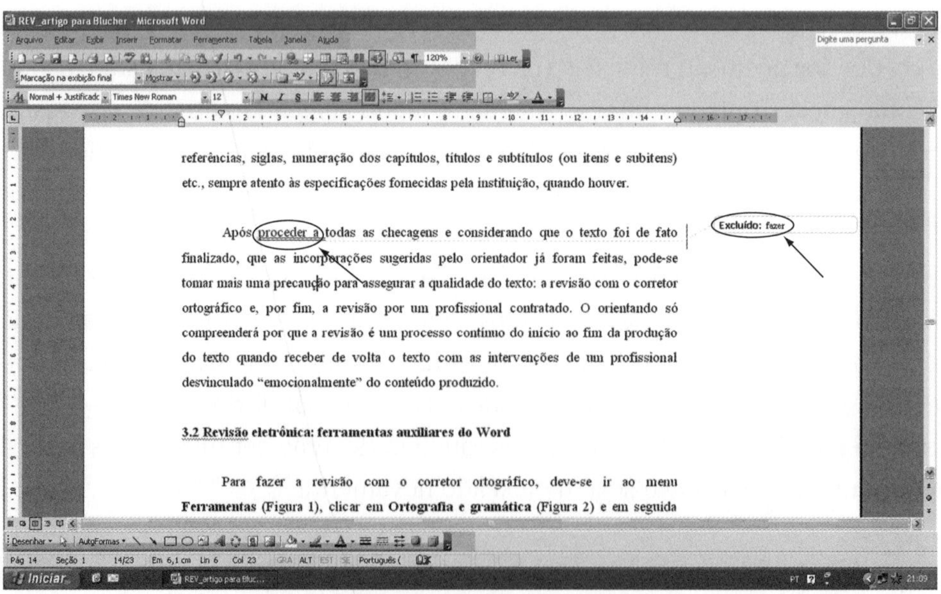

Figura 3.8 – Inserção da **primeira alteração** de texto.

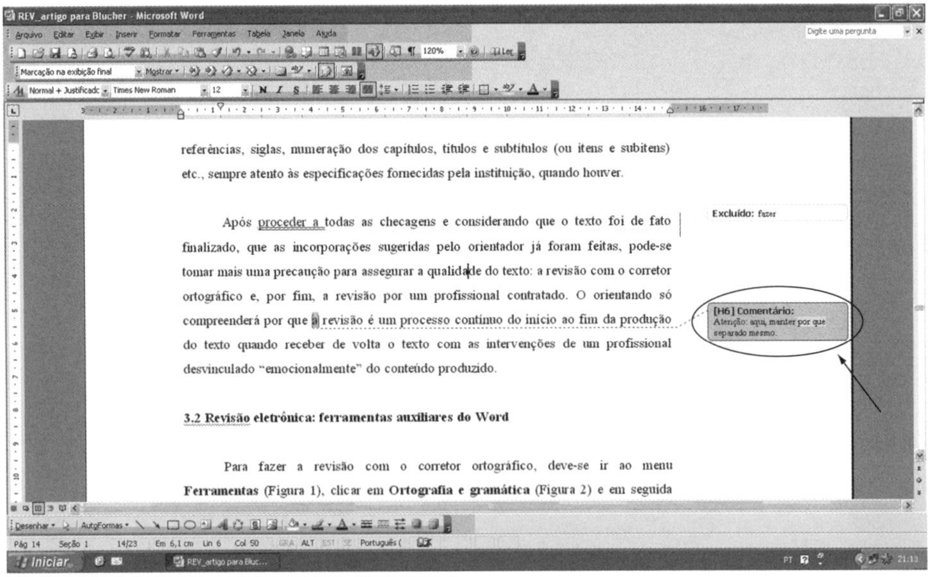

Figura 3.9 – Inserção de texto no campo **Comentários**.

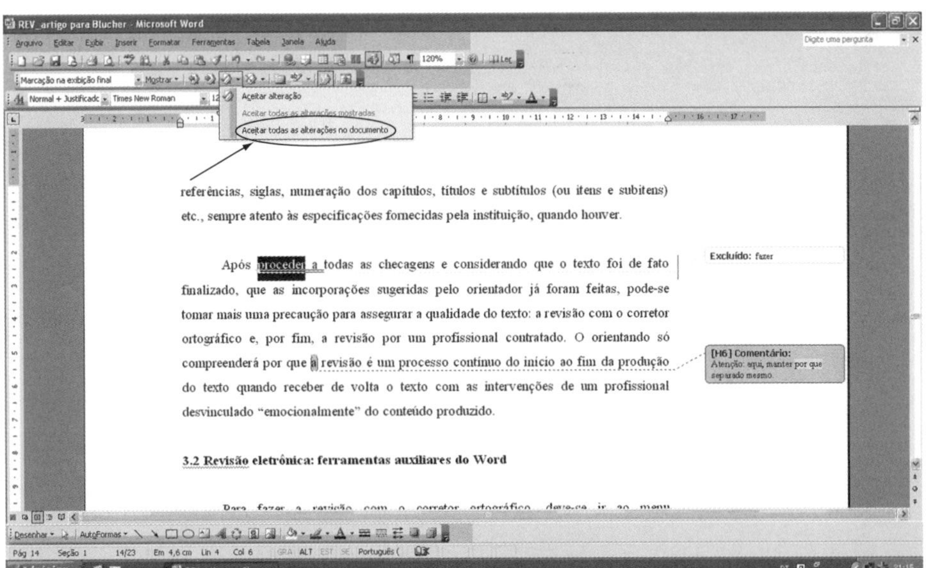

Figura 3.10 – **Aceite** das correções.

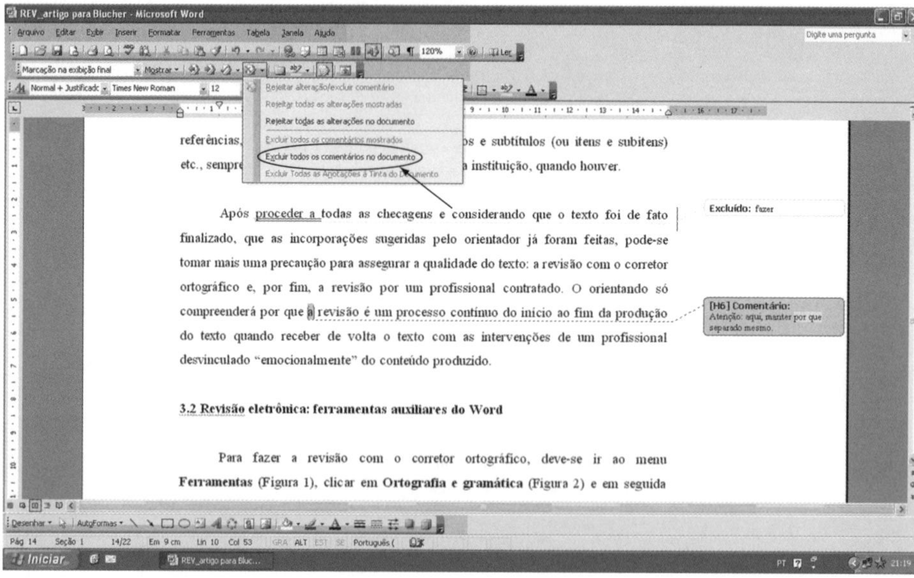

Figura 3.11 – Aceite (exclusão) do **comentário**.

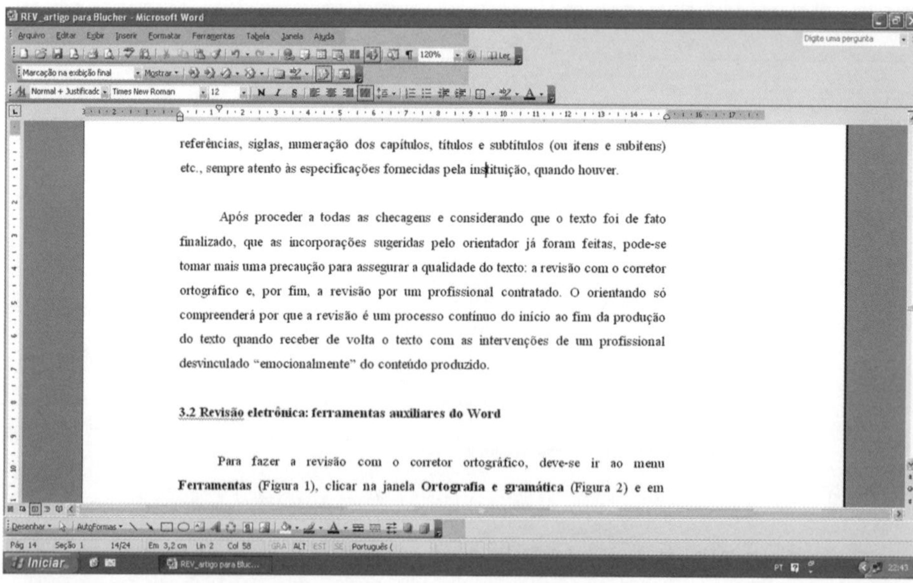

Figura 3.12 – Texto com aceite da correção e aceite (exclusão) do **comentário**.

O revisor e/ou copidesque por certo contribui muito para o enriquecimento do texto, mas é preciso que o orientando providencie a contratação desse profissional e a entrega do trabalho a ele em tempo hábil. O profissional contratado deve receber todas as orientações a serem seguidas, incluindo as que forem feitas pelo orientador.

O orientando não pode – nem deve – eximir-se de todos os cuidados necessários. Afinal, ele é o verdadeiro responsável por sua produção intelectual. Se os erros cometidos durante uma apresentação oral podem ser sanados assim que percebidos, os erros impressos, ao contrário, irão eternizar-se, ainda que se faça uma errata ou que, no caso de um livro, eles sejam consertados em uma próxima edição. Portanto, é imprescindível que o orientando faça uma última leitura no papel, a fim de detectar os possíveis erros "quase invisíveis". Fazer o melhor significa não só comprometimento, mas também respeito aos leitores.

4
Normalização
a metodologia aplicável

4.1 INTRODUÇÃO

O objetivo deste capítulo é orientar a produção e a formatação de trabalhos acadêmicos tendo como base as normas da Associação Brasileira de Normas Técnicas (ABNT), que estabelecem os princípios gerais para elaboração de trabalhos acadêmicos. Serão estudadas apenas três normas, que são de extrema importância para a produção de textos:

- NBR 14724:2005 – Informação e documentação – Trabalhos acadêmicos – Apresentação.
- NBR 10520:2002 – Informação e documentação – Citações em documentos – Apresentação.
- NBR 6023:2002 – Informação e documentação – Referências – Elaboração.

Caso o pesquisador queira aprofundar-se no assunto, basta complementar os estudos das normas supracitadas com as relacionadas a seguir:

- NBR 15287:2005 – Informação e documentação – Projeto de pesquisa – Elaboração.
- NBR 6024:2003 – Informação e documentação – Numeração progressiva das seções de um documento – Procedimento.
- NBR 6027:2003 – Informação e documentação – Sumário – Apresentação.
- NBR 6028:2003 – Informação e documentação – Resumo – Apresentação.

Importante ✓

Não deixe de consultar as diretrizes da instituição de ensino, pois é comum cada uma determinar normas a serem seguidas, por exemplo: a forma de encadernação, a cor da capa e o número oficial de exemplares que devem ser entregues na ocasião do depósito; constam de normas que geralmente são disponibilizadas no site da universidade.

4.2 FORMATAÇÃO NO APLICATIVO WORD

Como mencionado anteriormente, será necessária uma disciplina rígida para fazer as cópias de segurança das atualizações, pois não se pode correr o risco de perder produção de textos. A cada atualização, portanto, deve-se fazer uma cópia em uma mídia segura, como CD, *pen drive* ou enviar o arquivo para o próprio e-mail.

No menu **arquivo**, em **configurar página**, aplicam-se nas margens as seguintes medidas: margens esquerda e superior de 3 cm; direita e inferior de 2 cm. Na mesma tela, em **papel**, insere-se *A4*.

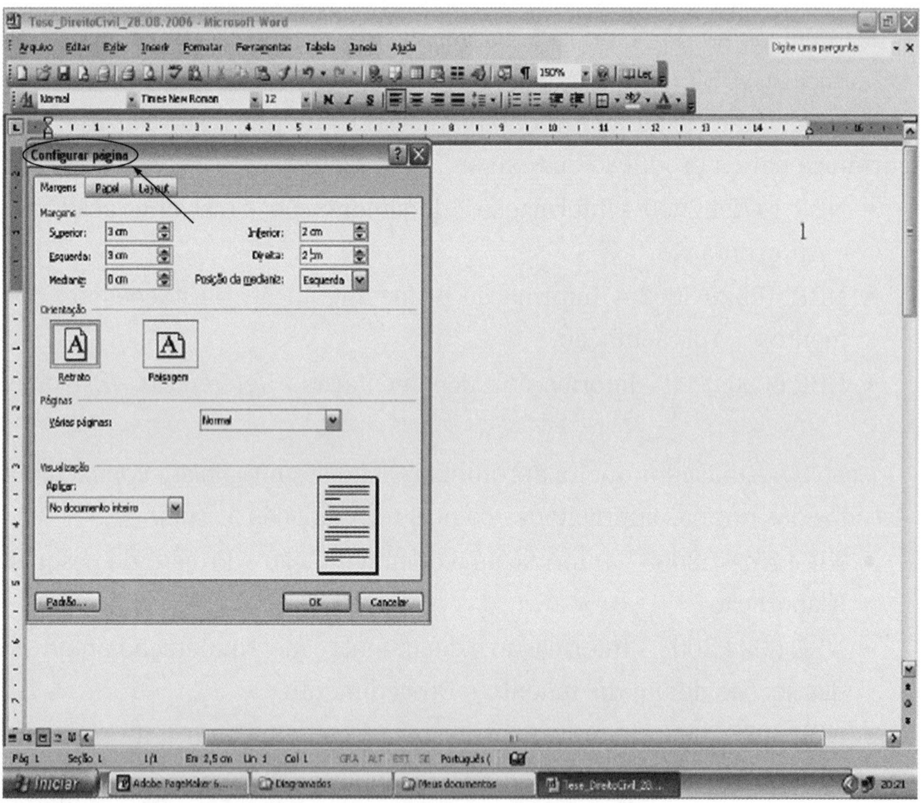

Figura 4.1 – Configurar **página**.

Para inserir o número de páginas, clica-se em formatar, inserir número de páginas, e aciona-se Posição: início da página (cabeçalho) e Alinhamento: direita, conforme demonstram as figuras a seguir:

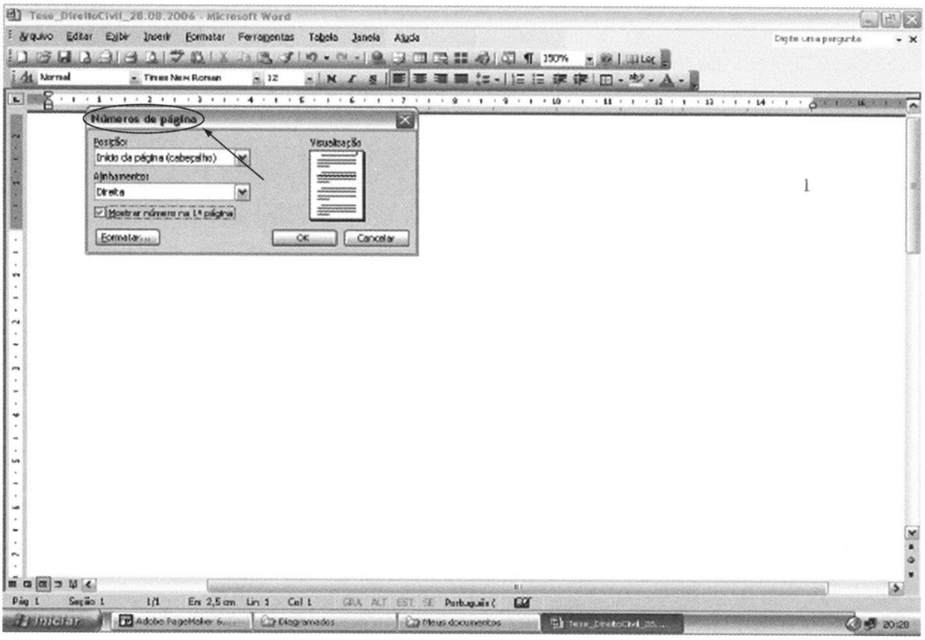

Figura 4.2 – Inserir **número de páginas**.

Espaçamento: todo o texto deve ser digitado com espaço 1,5, exceto as citações com mais de três linhas, que são recuadas, e as notas de rodapé, que devem ter espaço simples. As Referências devem ser separadas entre si por dois espaços simples.

Fonte (estilo de letra): recomenda-se o uso de fonte tamanho 12 para o texto principal, exceto para as citações com mais de três linhas, as notas de rodapé e a paginação, que devem ser em tamanho menor e uniforme (corpo 10).

Citações recuadas: as citações diretas, no texto, com mais de três linhas, devem ser formatadas com recuo de 4 cm da margem esquerda, com letra menor que a do texto principal e sem as aspas.

Notas de rodapé: devem ser digitadas dentro das margens, separadas do texto por um espaço simples de entrelinhas e por um fio acima com 3 cm, a partir da margem esquerda.

- ✓ Apesar de a ABNT normalizar citação com mais de três linhas, recuada, corpo menor e sem aspas, é comum na área jurídica encontrar citação com aspas, pois um erro de formatação pode ocasionar problema de autoria.
- ✓ Aprenda a criar estilos para a construção do texto no Word. Esse aprendizado facilitará a atualização do texto e a construção e atualização do sumário.

4.3 ESTRUTURA DO TRABALHO ACADÊMICO (NBR 14724/2005)

4.3.1 Elementos pré-textuais

Capa (obrigatório)

✓ Deve, obrigatoriamente, conter: o nome do candidato; o título do trabalho, centralizado em corpo maior que o do nome; a indicação da natureza do trabalho (tese de doutorado ou dissertação de mestrado), nome do orientador e, na parte inferior, o nome da instituição, a cidade e o ano do depósito, centralizados. Deve-se **verificar nas normas da instituição quais são os pré-requisitos exigidos para a capa.**

Folha de rosto (obrigatório)

Folha de aprovação (obrigatório)

Dedicatória (opcional)

Agradecimentos (opcional)

Epígrafe (opcional)

Resumo na língua vernácula (obrigatório)

Resumo em língua estrangeira (obrigatório)

✓ Se for tese, há a necessidade da tradução para duas línguas estrangeiras.

✓ Deve ser acompanhado de Palavras-chave (termos representativos do conteúdo abordado): mínimo de cinco e máximo de oito.

Lista de abreviaturas e siglas (opcional)

Sumário (obrigatório)

4.3.2 Elementos textuais

Introdução (obrigatório)

✓ Não se utiliza nota de rodapé na Introdução.

Desenvolvimento (obrigatório)

Conclusão (obrigatório)

✓ Não se utiliza nota de rodapé na Conclusão.

4.3.3 Elementos pós-textuais

Referências (obrigatório)

✓ **Dica:** Confronte as referências com as notas de rodapé para ter certeza de que todas as obras citadas no texto estão mencionadas nas referências.

Glossário (opcional)

Anexo (opcional)

Apêndice (opcional)

4.3.4 Tratamento para os elementos pré-textuais

↓ 3 cm

NOME DO CANDIDATO

TÍTULO

SUBTÍTULO, SE HOUVER

↓ 3 cm

↓ 2 cm

TESE DE DOUTORADO

PROFESSORA ORIENTADORA
GISELDA MARIA FERNANDES NOVAES HIRONAKA

UNIVERSIDADE DE SÃO PAULO
SÃO PAULO
2008

↑ 2 cm

↓ 3 cm

NOME DO CANDIDATO

TÍTULO

SUBTÍTULO, SE HOUVER

↓ 3 cm

↓ 2 cm

Tese apresentada à Banca Examinadora da Facudade de Direito da Universidade de São Paulo, como exigência parcial para a obtenção do título de Doutor em Direito Civil, sob a orientação da Professora Doutora Giselda Maria Fernandes Novaes Hironaka.

UNIVERSIDADE DE SÃO PAULO

SÃO PAULO

2008

↑ 2 cm

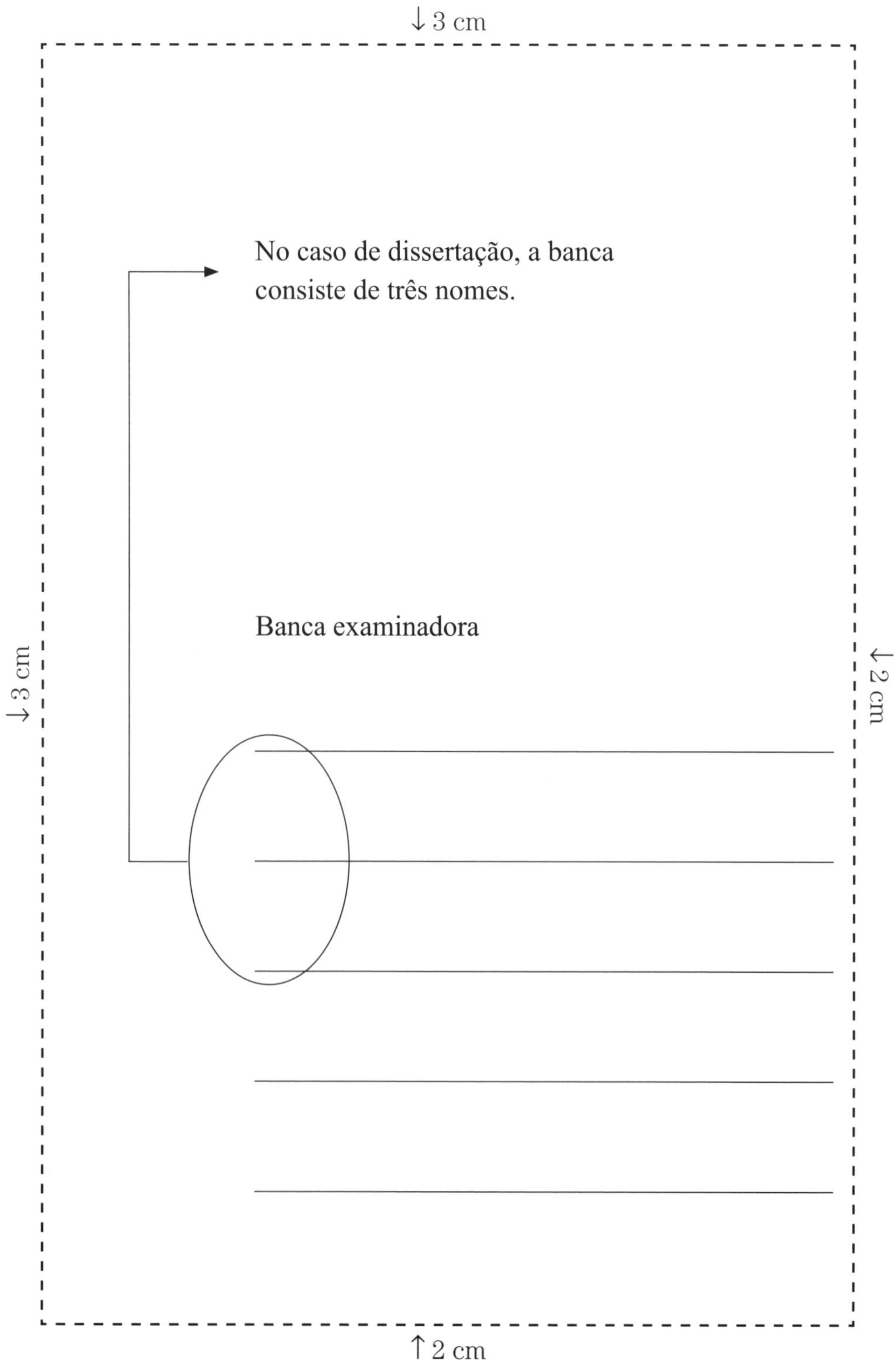
↓ 3 cm
No caso de dissertação, a banca
consiste de três nomes.
Banca examinadora
↓ 3 cm
↓ 2 cm
↑ 2 cm

↓ 3 cm

↓ 3 cm

↓ 2 cm

Agradecimentos

↑ 2 cm

↓ 3 cm

RESUMO

2 espaços de 1,5 de entrelinha

Inicia o texto

↓ 3 cm

↓ 2 cm

↑ 2 cm

↓ 3 cm

ABSTRACT

2 espaços de 1,5 de entrelinha

Inicia o texto

↓ 3 cm

↓ 2 cm

↑ 2 cm

↓ 3 cm

SUMÁRIO

2 espaços de 1,5 de entrelinha

↓ 3 cm

↓ 2 cm

↑ 2 cm

Elaboração do sumário – o Sumário é a listagem das principais divisões, seções e outras partes do trabalho. A numeração deve ser progressiva a partir da Introdução.

Os títulos das seções primárias, por serem as principais divisões de um texto, devem iniciar em folha distinta, alinhados à esquerda, precedendo o título e separado do texto por dois espaços de 1,5 de entrelinhas.

Os títulos sem indicativo numérico devem ser centralizados. Exemplos: RESUMO, ABSTRACT, INTRODUÇÃO, CONCLUSÃO, REFERÊNCIAS, ANEXOS.

- ✓ **Dica:** A Introdução e a Conclusão, apesar de pertencerem aos elementos textuais, não devem ser numeradas, assim como os elementos pós-textuais.
- ✓ Fazendo a numeração progressiva, não se esqueça de que para fazer a subdivisão das seções é preciso desmembrar pelo menos em dois itens.

Exemplos

2.1 e 2.2; 2.2.1 e 2.2.2, nunca um item só. Não se coloca a palavra Capítulo.

4.3.5 Tratamento para os elementos textuais

Introdução – é a parte inicial do texto na qual devem constar a delimitação do assunto tratado, objetivos da pesquisa e outros elementos necessários para situar o tema do trabalho.

Desenvolvimento – contém a exposição ordenada e pormenorizada do assunto, constituindo a parte principal do texto. Divide-se em seções e subseções, que variam em função da abordagem do tema e do método adotado.

Conclusão – é a parte final do texto, na qual se apresentam discussões conclusivas correspondentes aos objetivos ou hipóteses.

↓ 3 cm

INTRODUÇÃO

2 espaços de 1,5 de entrelinha

Inicia o texto

✓ **Dica:** a Introdução, a Conclusão e as Referências não são numeradas.

↓ 3 cm

↓ 2 cm

↑ 2 cm

↓ 3 cm

1 A REALIDADE BRASILEIRA

2 espaços de 1,5 de entrelinha

Inicia o texto

↓ 3 cm

↓ 2 cm

↑ 2 cm

4.3.6 Tratamento para os elementos pós-textuais

Referências – é um conjunto padronizado de elementos descritivos retirados de um documento, os quais permitem identificação individual da obra. Este item entra após a Conclusão.

4.3.7 Algumas padronizações a serem consideradas na produção do texto

Siglas – Quando aparecem pela primeira vez no texto, devem ser precedidas por seu significado. Após a primeira aparição é só grafar a sigla, sem o significado.

Exemplo: Associação Brasileira de Normas Técnicas (ABNT), após a primeira menção, utilizar apenas ABNT.

Data – As datas indicadas numericamente seguem esta ordem: dia, mês e ano.

Os dias e meses são sempre indicados por dois dígitos; os anos, por quatro.

Exemplos: 04.09.1980 / 25.04.2004.

Ilustrações – Qualquer que seja o tipo, sua identificação aparece na parte inferior, precedida da palavra designativa, seguida do seu número de ordem de ocorrência no texto, em algarismos arábicos e do respectivo título e/ou legenda. Deve ser colocada a fonte da ilustração. Caso seja de autoria do próprio orientando, especificar (Fonte: elaborada pelo autor). São modalidades de ilustração:

- **Tabela** – tem por finalidade a síntese de dados numéricos, de modo geral com tratamento estatístico (dados quantitativos). A sua formatação requer a presença de linhas ou colunas, porém sem fechamento nas laterais, isto é, não há o emprego da moldura para limitação dessas linhas ou colunas.
- **Quadro** – tem por finalidade a síntese de informações textuais (dados qualitativos). A sua formatação exige limitação externa por uma moldura, podendo ser utilizadas linhas e/ou colunas.

Todo quadro ou tabela deve ter significação própria, bem como prescindir de consultas ao texto que faz parte para ser compreendido, ou seja, deve ser auto-explicativo.

- **Figura** – tem por finalidade a apresentação de imagens visuais. Inclui ilustrações, desenhos, fotos, diagramas etc.
- **Gráfico** – representação plana de dados físicos, econômicos, sociais ou outros por meio de grandezas geométricas, diagramas, curvas etc. Curva em um sistema de coordenadas, que representa uma função (a curva pode ser substituída por uma superfície, uma série de colunas etc.).

4.4 CITAÇÃO (ABNT NBR 10520/2002)

- **Citação** – menção de uma informação extraída de outra fonte. Essa citação gera, obrigatoriamente, uma referência. Deve-se escolher uma forma para sistematizá-la e seguir essa padronização no trabalho inteiro.

  Há duas espécies de citação: a direta e a indireta.
- **Citação direta** – transcrição textual de parte da obra do autor consultado. Os procedimentos a serem observados são:

  ✓ com mais de três linhas, é recuada em 4 cm da margem esquerda, com fonte menor que a do texto principal (corpo 10), sem aspas;

  ✓ com menos de três linhas, permanece no texto e fica entre aspas;

  ✓ sempre que se tratar de uma citação direta, deve-se informar, em nota de rodapé ou em referência no texto, a página da obra em que o texto está citado.
- **Citação indireta** – interpretação de texto com base na obra do autor consultado, a chamada paráfrase.

  Citação da citação – citação direta ou indireta de um texto em que não se teve acesso ao original.

  Devem ser indicadas as supressões, interpolações, comentários, ênfases ou destaques:

✓ supressões: (...);

✓ intervenção do autor na fonte citada: [...];

✓ ênfases ou destaques de trechos nas citações: **negrito**, *itálico*, indicando no final da citação. Exemplo: (grifamos), (grifo do autor), (grifo nosso), (g.n.), (sem grifos no original);

✓ quando a citação for traduzida no texto pelo autor, acrescenta-se ao final: (tradução nossa) ou (tradução livre). O texto original deve constar em nota de rodapé para possíveis consultas ao original em língua estrangeira.

4.5 SISTEMA DE CHAMADA DE REFERÊNCIAS NAS CITAÇÕES

As citações devem ser indicadas no **texto** por um sistema de chamada. Segundo a ABNT 10520/2002, existem três formas para essa sistematização: numérico, autor-data ou nota de rodapé. O método adotado deve ser seguido ao longo de todo o trabalho, permitindo a correlação na lista de referências.

4.5.1 Sistema numérico

A indicação da fonte é feita por uma numeração única e consecutiva no texto, em algarismos arábicos, remetendo à lista de referências ao final do trabalho, na mesma ordem em que aparecem no texto.

- ✓ A lista de referências, ao final do trabalho, deve obedecer à mesma numeração da chamada no texto.
- ✓ Não se utilizam notas de rodapé bibliográfica quando se aplica o sistema numérico.
- ✓ Esse sistema é pouco utilizado e o menos recomendado.

4.5.2 Sistema autor-data

A indicação da fonte é feita no próprio texto, pelo sobrenome de cada autor ou pelo nome da instituição responsável, seguido do ano e das páginas da citação, separados por vírgula e entre parênteses. Quando o autor tem mais de uma obra no mesmo ano, diferencia-se por letras no ano: 2000a; 2000b.

Exemplos:

No texto:

O casamento, assim, veio se "personificar como a célula-mãe da sociedade, ato que origina a família legítima, cuja relevância será sempre indiscutível. De acordo com o conceito romano de casamento" (REALE, 2000a, p. 20).

Nas referências:

REALE, Miguel. *Direito civil*. São Paulo: Saraiva, 2000a.

No texto:

Reale (2000a, p. 20) afirma que o casamento, assim, veio se "personificar como a célula-mãe da sociedade, ato que origina a família legítima, cuja relevância será sempre indiscutível. De acordo com o conceito romano de casamento."

Nas referências:

REALE, Miguel. *Direito civil*. São Paulo: Saraiva, 2000a.

REALE, Miguel. *Filosofia do direito*. São Paulo: Saraiva, 2000b.

✓ Esse sistema é pouco utilizado em texto jurídico e mais comum em Comunicação, Administração e Marketing.

4.5.3 Sistema nota de rodapé

As notas de rodapé têm por objetivo prestar esclarecimentos ou fazer considerações que não devem ser incluídas no texto para não interromper a sua seqüência. A numeração é única, consecutiva e em algarismos arábicos, com o número elevado e sem parênteses.

Nota explicativa – permite fazer comentários ou observações pessoais do autor. Pode ser usada também para citações em língua estrangeira, as quais são traduzidas e inseridas na nota, ou para indicação da língua original de citações que foram traduzidas no corpo do texto, recurso mais utilizado em teses.

Nota de referência – a primeira citação de uma obra, em nota de rodapé, deve ter sua referência completa; a partir da segunda, pode-se fazer a referência de forma resumida, utilizando as expressões: Id.; Ibid. e op. cit.

Exemplo de rodapé de referência:

[1] REALE, Miguel. *Direito civil*. São Paulo: Saraiva, 2000. p. 20.

4.5.3.1 Utilizando as expressões Id.; Ibid.; op. cit. e passim em notas de rodapé

As expressões Id.; Ibid. e op. cit. em notas de rodapé só podem ser empregadas nas seguintes condições:

---

op. cit.

Indica que a obra já foi citada na página e está intercalada com outra referência. (Só vale na mesma página.)

Exemplo:

[1] REALE, Miguel. *Direito civil*. São Paulo: Saraiva, 2000. p. 20.

[2] HIRONAKA, Giselda M. F. Novaes (Org.). *A outra face do Poder Judiciário*. Belo Horizonte: Del Rey, 2006. p. 20.

[3] REALE, op. cit., p. 25.

Id.

Indica que é o mesmo autor citado imediatamente à nota anterior e em obra diferente. (Só vale na mesma página.)

Exemplo:

[1] REALE, Miguel. *Direito civil*. São Paulo: Saraiva, 2000. p. 20.

[2] Id. *Filosofia do direito*. São Paulo: Saraiva, 1998. p. 127.

Ibid.

Utilizado quando imediatamente à nota anterior citam-se o mesmo autor e a mesma obra. (Só vale na mesma página.)

Exemplo:

[1] REALE, Miguel. *Direito civil*. São Paulo: Saraiva, 2000. p. 20.

[2] Ibid.

Pode ser mesmo autor, mesma obra e página diferente.

Exemplo:

[1] REALE, Miguel. *Direito civil*. São Paulo: Saraiva, 2000. p. 20.

[2] Ibid., p. 22.

---

passim

Utiliza-se na nota de rodapé quando não se tem uma página específica da obra consultada, pois a informação encontra-se em diversas passagens.

Exemplo:

[1] REALE, Miguel. *Direito civil*. São Paulo: Saraiva, 2000, passim.

Observação ✓

Após a menção da primeira nota de rodapé citada, com todos os elementos bibliográficos, as subseqüentes devem ser citadas apenas com o sobrenome do autor, ano e página.

Exemplo:

[5] REALE, 2000, p. 20.

Esta sistematização é quase impraticável na área do Direito, pois as Referências de trabalhos acadêmicos jurídicos em geral são compostas de autores que escrevem mais de um livro por ano, além de os sobrenomes comuns dificultarem a identificação da obra. Imagine-se a seguinte situação:

[5] PEREIRA, 2000, p. 20. (Rodrigo da Cunha PEREIRA, obra do ano de 2000)

[9] PEREIRA, 2000, p. 20. (Caio Mário da Silva PEREIRA, obra do ano de 2000)

Essa dificuldade se dá porque é comum nessa área a utilização de muitas notas de rodapé e não é raro em uma dissertação de 180 páginas encontrarmos 500 notas de rodapé.

4.6 SISTEMA DE NOTAS DE RODAPÉ DE REFERÊNCIAS EM TEXTOS JURÍDICOS

O sistema de chamada de referências em nota de rodapé é bastante utilizado na área do Direito e recomendado por muitos orientadores.

Sugere-se usar a forma simples para as chamadas de nota de rodapé, colocando-se os dados completos na primeira vez em que for citada e nas demais apenas AUTOR, *obra* e página citada.

Exemplo no texto da primeira chamada de uma obra:

Miguel Reale nos ensina que o casamento, assim, "veio se personificar como a célula-mãe da sociedade, ato que origina a família legítima, cuja relevância será sempre indiscutível".[1]

Exemplo na nota de rodapé:

[1] REALE, Miguel. *Direito civil*. São Paulo: Saraiva, 2000. p. 20.

Ou, ainda,

Exemplo no texto:

Miguel Reale[2] nos ensina que o casamento personificou-se como a célula-mãe da sociedade, e que originou a família legítima, cuja importância não se pode discutir.

Exemplo na nota de rodapé já citada a primeira vez, com dados completos da obra:

[2] REALE, Miguel. *Direito civil*, p. 20.

4.7 REFERÊNCIAS (ABNT NBR 6023/2002)

A ABNT estabelece que os títulos do livro ou das revistas referenciadas devem ter destaque tipográfico. Esse destaque pode ser o **negrito (bold)** ou o *itálico*. Prefere-se o uso do *itálico* para o texto ficar mais *clean*, pois o excesso de negrito em uma única página deixa o texto pesado visualmente.

A lista de referências, ao final do trabalho, deve ser sistematizada por ordem alfabética pelo sobrenome do autor. No Word há um recurso que ordena essa lista automaticamente (seleciona-se o texto e, no menu **Tabela**, em **Classificar**, aplica-se **Crescente**). Não se recomenda mais a utilização do traço contínuo para informar que o autor é o mesmo indicado anteriormente.

A seguir serão listados os exemplos mais comuns utilizados em referências. Caso o orientando queira ampliar esse conhecimento, o recurso é ter em mãos a NBR 6023/2002 que trata especificamente de elaboração de referências.

LIVROS

HIRONAKA, Giselda Maria Fernandes Novaes. *Direito civil:* estudos. 3. ed. Belo Horizonte: Del Rey, 2002. v. 2.

- ✓ Menciona-se a edição a partir da segunda. Caso haja mais de um volume, acrescenta-se ao final, antes da paginação total.
- ✓ Quando a edição de um livro for acompanhada das expressões *revista e atualizada*, deve ser indicada na nota: 2. ed. rev. e atual. (ou) 2. ed. rev., atual. e ampl.
- ✓ Quando se tratar de documento sem data, colocar (s.d.).
- ✓ Em títulos e subtítulos muito extensos, pode-se suprimir as últimas palavras, desde que não seja alterado o sentido. A supressão deve ser indicada por reticências, entre parênteses (...).

HIRONAKA, Giselda Maria Fernandes Novaes; PEREIRA, Rodrigo da Cunha (Coord.). *Direito de família e o novo Código Civil*. Belo Horizonte: Del Rey, 2005.

- ✓ Em obra elaborada por até três autores, mencionam-se os nomes de todos na ordem em que constam na publicação, separados por ponto-e-vírgula. Para obras com mais de três autores, menciona-se apenas o primeiro, seguido da expressão et al. (na referência, a expressão é indicada sem destaque).

CAPÍTULO DE OBRA COLETÂNEA

MADALENO, Rolf. A companhia de capital fechado no direito de família. In: HIRONAKA, Giselda Maria Fernandes Novaes (Coord.). *A outra face do Poder Judiciário*. Belo Horizonte: Del Rey, 2005. p. 292-312.

ARTIGO DE REVISTA

OLIVEIRA, Euclides de. O direito do nascituro no novo Código Civil. *Revista de Direito Civil*, São Paulo, ano 2, n. 6, p. 131-148, fev. 1997.

✓ Se houver o nome da editora, este pode ser inserido, entre vírgulas, após a cidade.

OLIVEIRA, Euclides de. O direito do nascituro no novo Código Civil. *Revista de Direito Civil*, São Paulo, RT, ano 2, n. 6, p. 131-148, fev. 1997.

ARTIGO DE JORNAL DIÁRIO

NAVES, Paulo. Lagos andinos dão banho de beleza. *Folha de S. Paulo*, São Paulo, 28 jun. 1999. Folha Turismo, Caderno 8, p. 13.

TESE, DISSERTAÇÃO OU OUTROS TRABALHOS ACADÊMICOS

FERNANDES, Marcos. *Direito civil e biotecnologia*. 2005. 220 f. Tese (Doutorado em Direito) – Faculdade de Direito, Universidade de São Paulo, São Paulo, 2005.

AUTOR ENTIDADE

BIBLIOTECA NACIONAL (Brasil). *Relatório de direito geral:* 1984. Rio de Janeiro, 1985, 40 p.

BRASIL. Ministério da Educação.

SÃO PAULO. Prefeitura Municipal.

UNIVERSIDADE FEDERAL DE MINAS GERAIS.

BIBLIOTECA NACIONAL (Portugal).

COLEÇÃO E SÉRIES

DINIZ, J. *As pupilas do senhor reitor*. 15. ed. São Paulo: Ática, 1994. 263 p. (Série Bom Livro).

TRADUÇÃO

LANGER, Susanne K. *Ensaios filosóficos*. Tradução de Jamir Martins. 3. ed. São Paulo: Cultrix, 1971.

CONGRESSOS E SEMINÁRIOS

CONGRESSO DE INICIAÇÃO CIENTÍFICA DA UFPe, 2.; 1996, Recife-PE.

✓ Nome do evento, número, ano e local da realização.

DOCUMENTOS ELETRÔNICOS

É importante, notadamente em tese, que as referências extraídas da Internet contenham a data de acesso. Esse dado permite situar o leitor à época da pesquisa, pois é muito comum, em decorrência das constantes atualizações na mídia eletrônica, que o texto não esteja disponível sempre. É aconselhável que o orientando, de tese em especial, imprima e arquive essas consultas, pois, se a fonte for questionada, haverá como comprová-la.

ARTIGO DE REVISTA ASSINADA

SILVA, M. M. L. Crimes da era digital. *Brasil Net*, Rio de Janeiro, nov. 1998. Seção Ponto de Vista. Disponível em: <http://www.brazilnet.com.br/contexts/ brasilrevistas. htm>. Acesso em: 28 nov. 1998.

MATÉRIA DE REVISTA NÃO ASSINADA

WINDOWS 98: o melhor caminho para atualização. *PC World*, São Paulo, n. 75, set. 1998. Disponível em: <http://www.idg.com.br/abre.htm>. Acesso em: 10 set. 1998.

4.8 ENCADERNAÇÃO/DEPÓSITO

As teses de doutorado e dissertações de mestrado devem ser revestidas com *percalux* ou material semelhante. Na Faculdade de Direito do Largo São Francisco, a cor é azul-escuro, com gravação dos dizeres em branco, dourado ou prateado. Na Pontifícia Universidade Católica de São Paulo, a dissertação é na cor verde e a tese, na cor vinho. O número de exemplares para depósito também varia, por isso o orientando deve consultar as normas internas da instituição.

É comum que, no depósito dos volumes impressos, o orientando entregue também um arquivo em formato pdf para ser disponibilizado eletronicamente no site da instituição. Uma observação importante refere-se ao horário de funcionamento das secretarias nas instituições. É muito importante que o aluno, por telefone, se certifique do horário de recebimento dos exemplares, quais são os documentos que devem ser anexados ao depósito e sobre eventuais taxas a serem pagas.

Por exemplo, na Faculdade de Direito do Largo São Francisco, há uma taxa a ser paga na tesouraria e o material é depositado a partir de uma declaração do orientando. Outro detalhe importante é em relação à rigidez do horário de funcionamento da secretaria. Além disso, houve casos de o depósito não ter sido efetuado na data em função do não atendimento da secretaria. Por isso, é de extrema importância a confirmação por telefone de todas as questões necessárias para o depósito legal.

4.9 AGENDAMENTO E DEFESA DO ESTUDO ACADÊMICO

Na maioria das instituições, a partir do depósito e da seleção dos participantes da banca eleitos pelo orientador e orientando, a secretaria da instituição faz o agendamento da apresentação e, em seguida, o próprio orientando entra em contato com o convidado, entrega um exemplar do trabalho para leitura e confirma sua participação. Normalmente participam da banca dois professores da instituição, sendo um deles o orientador e o outro um dos professores do departamento; o terceiro participante, em geral, é de outra instituição e, muitas vezes, de outro Estado. Na FDUSP o orientando não participa da escolha da banca e não entra em contato com os participantes. A secretaria do departamento é a responsável por todo o processo de contato e entrega dos exemplares.

É importante que o orientando conheça o espaço físico em que será feita a apresentação, os recursos eletrônicos que fará uso em sua apresentação e reserve os equipamentos. Na data da apresentação, é prudente chegar com pelo menos uma hora de antecedência para testar os equipamentos, principalmente o microfone, e, de preferência, fazer um pequeno ensaio.

Receber os convidados da banca e os que assistirão à apresentação propiciará um ambiente mais descontraído durante a apresentação e todos os elementos que favoreçam o bom entrosamento entre a banca, o apresentador e a platéia devem ser considerados.

A apresentação tem a duração média de 30 minutos e a recomendação é que não se estenda esse período, uma vez que será dada a palavra à banca para as devidas considerações e os membros utilizarão até outros 30 minutos para a argüição, oferecendo-se, a seguir, igual tempo ao candidato para as respostas e defesa. A duração da apresentação é importante para não cansar em demasia os participantes.

No mais, considerando que o estudo está eficientemente embasado na teoria, que o trabalho foi bem-redigido e revisado, que a apresentação gráfica do material corresponde às normas da instituição, não há o que temer. Afinal, os minutos finais encerrarão um ciclo de anos de estudos, de dedicação e irão coroar o investimento financeiro e de tempo com uma nota honrosa.

5
A publicação do texto jurídico no Brasil
um mercado editorial concorrido

No cenário do início da era das grandes construções,
um filósofo indagou três trabalhadores de uma gigantesca
obra arquitetônica com a seguinte pergunta:
– O que vocês estão fazendo?
O primeiro respondeu:
– Estou quebrando pedras.
O segundo respondeu:
– Estou angulando, dando formas às pedras.
E, finalmente, o terceiro respondeu:
– Estou construindo uma catedral.
(Autor desconhecido)

É importante a reflexão sobre a história da epígrafe, uma vez que, a partir de uma única pergunta, é possível obter respostas com visões tão diferentes. Diante disso, consegue-se traçar um paralelo com o meio em que se vive.

Há um trabalho em comum entre graduandos, mestrandos e doutorandos, que é o esforço de aprender, compreender e dividir conhecimentos. Quando há sincronia baseada nessa tríade, tem-se o autor visionário, aquele que, a partir do desafio de estudar determinado tema, consegue ver além e traçar objetivos concretos em busca de um alicerce sólido, ou seja, a investigação que fará em anos de estudos, bem como uma carreira acadêmica paralela.

Esse autor vive intensamente o ato de aprender, de estudar e, entusiasmado com essa dinâmica, na maioria dos casos, quer repetir o processo na posição de orientador. Assim como foi orientado, está pronto para dividir o que aprendeu, discutir idéias e ideais que somou no trajeto de sua formação. Trata-se, portanto, do terceiro trabalhador, aquele que consegue enxergar o todo no qual está inserido e afirmar que faz parte dessa construção. Na ciência jurídica, pode-se verificar a mesma situação, pois é uma matéria viva e em constante formação e afirmação. No meio jurídico, inclusive, há um grande índice de alunos que, encantados com seus mestres, esforçam-se em sua formação com a finalidade de serem, no futuro, os mestres. Isso justifica o grande número de mestres e doutores na área jurídica que se dedicam ao ensino acadêmico.

Há também aquele que acredita que há uma obra gigantesca a ser construída e que, com sua contribuição na angulação das pedras, cooperará para a construção dessa obra como elemento fundamental, mas há nele uma carência visionária, talvez por falta de foco em tal processo.

E, por fim, o primeiro trabalhador remete ao aluno que cumpre etapas, acumula diplomas, mas não enxerga plenamente o meio no qual atua. Sente-se apenas como um cumpridor de tarefas.

Não podemos afirmar qual dos exemplos citados é o melhor, afinal, as relações do meio são formadas por pessoas de diferentes opiniões e atitudes – essa é a natural dinâmica da vida.

5.1 UM HISTÓRICO DO MERCADO EDITORIAL JURÍDICO

Uma pesquisa da Câmara Brasileira do Livro (CBL), publicada em 2002, apontou as editoras jurídicas como aquelas de maior expressão no faturamento e publicações de títulos. Os números apresentados demonstraram que o aluno da área de direito é um importante consumidor do produto livro, notadamente nos dois primeiros anos da graduação.

Tais afirmações entusiasmaram as editoras de outros segmentos, que passaram a investir em livros jurídicos, entre elas, estão a Editora Manole e a Editora Campus, renomadas nas áreas de literatura, administração e medicina. Outras editoras mais modestas arriscaram também uma fatia do mercado; no entanto, ainda não possuem um catálogo expressivo como os relacionados nos dois exemplos anteriores. A Manole, por exemplo, em seu início de atuação, publicou dezenas de dissertações e teses, conferindo ao jovem autor um espaço bastante positivo em seu catálogo por meio do lançamento de um selo jurídico intitulado legislação e com a publicação de cinco códigos.

As editoras já consagradas profissionalizam, cada vez mais, o processo de construção da obra jurídica. As editoras jurídicas no geral investem em dissertações e teses, algumas de forma mais atuante, como é o caso da Editora Renovar, no Rio de Janeiro. Além disso, outras editoras especializadas, por exemplo, a

Del Rey, igualmente contribuem com o meio acadêmico, criando selos, como a Coleção Qualitas, coordenada pelo professor João Baptista Villela, que seleciona e avalia durante o ano alguns títulos para publicação. Há também a Fabris, tradicional editora do Sul, isso para citar algumas casas publicadoras do País, sem deixar de mencionar as já tradicionais Saraiva, Atlas, Forense e Malheiros.

Como desafio, os editores devem resolver a questão tiragem *versus* público-alvo para o mercado de teses e dissertações, uma vez que, por tratarem de temas específicos, condição da pesquisa acadêmico-científica, recaem em um público bastante reduzido de estudiosos e profissionais.

O alto custo da produção editorial e industrial, que envolve diagramação, revisão, formatação da capa, impressão, divulgação, lançamento e distribuição, obriga os editores a buscarem títulos didáticos que permitem uma tiragem maior, e reside aí, nessa difícil conta matemática, a resposta ao fato de muitas pesquisas acadêmicas estarem confinadas em bibliotecas universitárias.

5.2 QUAL É O MERCADO DE TESES E DISSERTAÇÕES?

As teses e dissertações abordam assuntos específicos e não fazem parte da grade curricular da graduação de direito. Trata-se de estudos aprofundados sobre determinados temas, os quais são utilizados como material de consulta para graduandos e operadores do direito, além de pesquisadores, sempre ávidos pelo conhecimento.

Tais estudos, por não serem reconhecidos como matéria curricular, possuem um público-alvo, em geral pós-graduandos e profissionais com especialização, bastante disperso e as editoras encontram grande dificuldade na divulgação das obras, o que impacta diretamente na vendagem. O contrário ocorre com obras didáticas que, por fazerem parte da grade curricular, proporcionam a condição de os editores concentrarem a divulgação do livro nas faculdades, momento em que seus divulgadores apresentam novos títulos aos professores com a proposta de adoção da obra. É por meio dessa divulgação direcionada que o editor aposta em uma tiragem maior para viabilizar em termos financeiros a edição do livro didático, a fim de que este chegue ao consumidor final com o menor valor de capa possível (preço final que o consumidor paga pelo livro).

É possível afirmar que as obras decorrentes de teses e dissertações têm tiragem média de trezentos exemplares, ao passo que as didáticas chegam a atingir de três a cinco mil exemplares. A questão da tiragem está ligada de maneira intrínseca ao valor de capa do livro. Assim, a regra é: quanto maior a tiragem, menor será o valor de capa.

No Brasil, essa dificuldade não ocorre somente com o livro jurídico, outras áreas equacionam a mesma problemática, e a dificuldade de inserir no mercado estudos acadêmicos é geral, ou seja, acontece também na administração, na medicina, na psicologia, na engenharia etc.

5.3 COMO PUBLICAR O PRIMEIRO LIVRO JURÍDICO

Quando o mestrando ou doutorando ainda não vivenciou a experiência de publicar seus estudos por uma editora, as expectativas em relação à publicação são muito grandes. Em razão das constantes tentativas realizadas por autores para a publicação de seus estudos, é bastante comum a cena de pilhas e mais pilhas de estudos prontos para serem publicados nas mesas dos editores.

Uma editora de médio porte recebe semanalmente para análise editorial e mercadológica pelo menos uma dezena de estudos acadêmicos, e aquelas de grande porte costumam encerrar o mês com mais de uma centena de originais. A prática do envio de originais para as editoras é muito comum; contudo, diante de um número cada vez maior de originais recebidos para análise, os editores, em geral, devolvem os originais com uma correspondência-padrão de recusa.

Uma maneira mais eficiente nesse início de relacionamento entre editor e autor é uma correspondência prévia com a editora por meio de mensagem eletrônica ou postada pelos Correios. Essa correspondência, em regra, contém uma descrição prévia da obra e das atividades acadêmicas do autor, um roteiro que contemple elementos necessários para despertar o interesse do editor pela obra. A partir desse interesse, é o editor quem solicita os originais para o autor e submete-o a um parecer técnico que responderá sobre a potencialidade técnica e mercadológica da obra. É pertinente ressaltar que esse processo em algumas editoras pode demorar até um ano e, como no Brasil há constantes mudanças legislativas, muitas vezes esse prazo não responde ao imediatismo da discussão do estudo acadêmico. Em outras palavras, em um ano a obra poderá estar desatualizada.

Participar de obras coletivas coordenadas por juristas renomados também é uma possibilidade interessante para se iniciar uma carreira como escritor. Considera-se que, a partir do momento em que o autor é participante de uma obra coletiva, o acesso ao editor oferece a oportunidade para argumentações sobre um futuro investimento em uma obra jurídica de sua exclusiva autoria.

5.4 FORMAS ALTERNATIVAS DE PUBLICAÇÃO

Neste item serão descritas as formas de publicação alternativas de uma obra jurídica no mercado editorial, como impressão por demanda, co-edição entre autor e editora, edição independente do autor, disponibilização de textos em arquivo PDF em sites de universidades, portais jurídicos e, até mesmo, em sites particulares.

a) **Impressão por demanda**

Na ocasião em que o original da dissertação ou tese está concluído, ou seja, o trabalho já foi devidamente editorado – de acordo com as especificações da instituição de ensino com o qual o autor está vinculado –, revisado e liberado pelo autor e pelo orientador, há a opção de, a partir do arquivo eletrônico até então constituído em formato A4 (21 x 29,7 cm), transformá-lo em formato A5 (14 x 21 cm). Assim, o orientando solicita o número exigido para depósito pela instituição em formato A4 para a devida encadernação com capa dura e outra quantidade, entre 4 e 100 exemplares, em A5 (formato e acabamento de livro, 14 x 21 cm).

Imprimir exemplares em formato de livro é bastante comum porque possibilita a distribuição da obra para a rede de relacionamento do autor. A tendência por esse modelo é grande em razão do valor desse material, que fica, em média, 50% do valor do mesmo material encadernado em *percalux* (capa dura). Contudo, a qualidade gráfica e de acabamento não é de primeira linha. O livro não é colado e costurado, apenas uma cola quente (*hot melt*) segura as páginas na lombada do livro e, com freqüência, algumas dessas páginas desgrudam com o manuseio da obra.

b) **Co-edição entre autor e editora**

Há editores que, não tendo espaço em sua grade de programação de edição, propõem para alguns autores a co-edição da obra. Em outras palavras, fica estabelecido no início da produção editorial e gráfica do livro (diagramação, revisão, criação da capa, impressão, divulgação e lançamento) que o autor adquirirá uma cota da impressão como forma de amortizar os custos da edição do livro.

O fator positivo dessa parceria é que o editor faz a distribuição da obra em todo o País por meio de seus distribuidores, livrarias virtuais, e insere o livro em seu catálogo de títulos com divulgação da obra nas faculdades, congressos, simpósios, assim como no site da editora, além de seu *mailing list* de professores.

No caso da co-edição, normalmente, ao final de cada semestre é realizado um balanço das vendas com reversão dos direitos autorais para o autor.

c) **Edição independente do autor**

Nesse tipo de edição, o autor assume todos os custos da produção editorial do livro (diagramação, revisão, criação da capa, impressão, divulgação e lançamento) e negocia a venda por meio de um distribuidor (responsável pela negociação com as livrarias). O autor também vende sua obra à sua rede de relacionamento, notadamente alunos.

Muitas vezes, essa maneira de editar um livro não é bem-vista no meio acadêmico; contudo, antes de discutir a máxima da ética, expôs-se tal possibilidade apenas para ressalvar a questão da distribuição. O distribuidor prefere editoras a autores independentes porque elas fazem uma manutenção constante de seu negócio, colocando semanalmente lançamentos a serem distribuídos. O autor independente não tem o mesmo giro de lançamentos e, portanto, é relegado a segundo plano.

O distribuidor propõe ao autor independente a distribuição na forma de consignação, ou seja, o autor deixa os livros na distribuidora, que repassa ao autor de 40% a 50% do valor do que consegue distribuir.

Além disso, há exigências técnicas das livrarias para a negociação de livros, que vão da qualidade gráfica ao código de barras e catalogação da obra. O código de barras é fornecido pela Biblioteca Nacional do Livro após a inscrição do autor independente, que passa a ter um código (assim como as editoras) e o direito de publicar até nove títulos por inscrição. A catalogação é feita por um bibliotecário ou pela Câmara Brasileira do Livro (CBL), após afiliação do autor. Para os pretensos autores independentes ou autores-editores, essas informações são importantes e conferirão às suas obras um caráter profissional.

d) **Disponibilização de textos em arquivo PDF**

A maioria das instituições de ensino, como a Pontifícia Universidade Católica (PUC-SP), exige no depósito dos volumes a entrega do trabalho em formato PDF. Esse arquivo fica disponibilizado para consulta e impressão no site da universidade. É importante dizer que o acesso público não exime quem consulta e transcreve fragmentos do trabalho de citar a fonte, inclusive a ABNT contempla norma para tal atividade, por meio da especificação de documento eletrônico na NBR 6023.

5.5 DIREITOS AUTORAIS

A remuneração pelos direitos autorais é, em regra, o pagamento de 10% sobre o valor de capa do livro e, por mais que essa porcentagem possa parecer pequena, é relevante esclarecer ao autor que o editor trabalha com um desconto médio de 50% para os distribuidores, os quais, por sua vez, repassam parte desse desconto às livrarias. Em resumo, do valor final do livro a editora recebe entre 25% e 30%, considerando-se todo o custo com a cadeia produtiva do livro até o consumidor final e o custo financeiro de manter em estoque a tiragem do livro.

É raro o autor que vive apenas dos direitos autorais. A maioria deles usufrui do *status* da autoria sobre determinado tema e, em função de suas contribuições ao meio acadêmico, é convidado para palestras, aulas etc.

Não se fica rico editando livros. Mesmo as editoras, que aparentemente ficam com "a maior fatia do bolo", precisam administrar com rigor seus investimentos, uma vez que o dinheiro aplicado na publicação retorna a partir do escoamento da edição e esse é o grande risco do editor. Cerca de 30% das edições esgotam em menos de dois anos e o restante se dilui entre três e quatro anos. A partir do quarto ano, as editoras, em geral, consideram encalhada a obra e negociam com o autor a venda dos livros a preços simbólicos ou mesmo o envio da tiragem para aparas de papel.

O valor de capa do livro está intimamente ligado ao alto risco de investimento dos editores nas publicações, além da tiragem limitada, bastante praticada no Brasil.

Referências

ANJOS, Margarida dos; FERREIRA, Marina Baird (Coord.). *Minidicionário Aurélio:* século XXI. 4. ed., rev. e ampl. Rio de Janeiro: Nova Fronteira, 2000.

ASSOCIAÇÃO BRASILEIRA DE NORMAS TÉCNICAS. *NBR 10520*: apresentação de citações em documentos. Rio de Janeiro, ago. 2002.

ASSOCIAÇÃO BRASILEIRA DE NORMAS TÉCNICAS. *NBR 14724*: informação e documentação – trabalhos acadêmicos – apresentação. Rio de Janeiro, jan. 2006.

ASSOCIAÇÃO BRASILEIRA DE NORMAS TÉCNICAS. *NBR 15287*: informação e documentação – projeto de pesquisa – apresentação. Rio de Janeiro, jan. 2006.

ASSOCIAÇÃO BRASILEIRA DE NORMAS TÉCNICAS. *NBR 6023*: informação e documentação – referências – elaboração. Rio de Janeiro, ago. 2002.

BIANCHI, A. C. de M.; ALVARENGA, M.; BIANCHI, R. *Manual de orientação*: estágio supervisionado. 3. ed. São Paulo: Thomson Learning, 2003.

CAMILO, Carlos Eduardo Nicoletti; FERRON, Fabiana. *Monografia jurídica*: uma abordagem didática. Belo Horizonte: Del Rey, 2001.

FACHIN, Odília. *Fundamentos de metodologia*. 5. ed. rev. e atual. São Paulo: Saraiva, 2006.

FOLHA. *Manual da redação*: Folha de S. Paulo. 5. ed. São Paulo: Publifolha, 2002.

FRANÇA, Júnia Lessa. *Manual para normalização de publicações técnico-científicas*. 5. ed. rev. Belo Horizonte: Ed. UFMG, 2001.

GOMES, Lúcia Helena de Andrade; GAMA, Ricardo Rodrigues. *Como preparar sua monografia jurídica*. 4. ed. Campinas: Russell, 2007.

GUIA PRÁTICO DO AUTOR. Publicando seu livro com a Manole. São Paulo: Manole, 2003.

GUSTIN, Miracy Barbosa de Sousa; DIAS, Maria Tereza Fonseca. *(Re)pensando a pesquisa jurídica*. Belo Horizonte: Del Rey, 2002.

KERLINGER, F. N.; PEDHAZUR, E. J. Investigación del comportamiento: métodos de investigación en ciencias sociales. In: SAMPIERI, R. H.; COLLADO, C. F.; LUCIO, P. B. *Metodologia de pesquisa*. Tradução da 3. ed. em espanhol. São Paulo: McGraw-Hill, 2006.

LIMA, M. C. *Monografia*: a engenharia da produção acadêmica. 2. ed. rev. e atual. São Paulo: Saraiva, 2008.

MARTINS FILHO, Eduardo Lopes. *Manual de redação e estilo de O Estado de S. Paulo*. 3. ed., rev. e ampl. São Paulo: O Estado de S. Paulo, 1997.

SELES, A. S. *Manual interno de editoração*. São Paulo: Fundação para o Desenvolvimento da Educação, 1994.

TESTA, Lígia A. Bem-me-quer, malmequer... *Informativo da Sociedade Entomológica do Brasil*, ano 29, v. 29, n. 2, ago. 2004. Disponível em: <http://www.seb.org.br/informativo/pdf/2004N002.pdt>. Acesso em: 18 ago. 2008.

UNESCO/Book House Training Centre. *O negócio da edição de livros*. Um curso de treinamento gerencial. São Paulo: Atlas, 1992.

UNIVERSIDADE DE SÃO PAULO. *Diretrizes para apresentação de dissertações e teses da USP*: documento eletrônico e impresso. FUNARO, Vânia M. B. de Oliveira (Coord.). São Paulo: Grupo DiTeses, USP, 2003.

UNIVERSIDADE DE SÃO PAULO. *Resolução n. 1/2002*. Comissão de Pós-graduação da Fadusp, set. 2002.